Katrin Landmann

Handbuch der Berufsunfähigkeit

Die aktuellen staatlichen und privaten Leistungen im Vergleich

Katrin Landmann

Handbuch der Berufsunfähigkeit

www.europäischer-hochschulverlag.de

Landmann, Katrin
Handbuch der Berufsunfähigkeit
Die aktuellen staatlichen und privaten Leistungen im Vergleich

2. Auflage 2009
ISBN: 978-3-941482-39-5
© Europäischer Hochschulverlag GmbH & Co. KG, Bremen, 2009.
www.europäischer-hochschulverlag.de
Alle Rechte vorbehalten

Die Deutsche Bibliothek verzeichnet diesen Titel in der
Deutschen Nationalbibliografie. Bibliografische Daten sind unter
http://dnb.ddb.de abrufbar.

Inhaltsverzeichnis

1.	**Einleitung**	1
1.1.	Erläuterung der Begriffe Erwerbsminderung, Berufsunfähigkeit und Versicherungsfall	2
1.1.1.	Gesetzliche Definition der Erwerbsminderung	3
1.1.2.	Definition der Berufsunfähigkeit bei privaten Versicherungsunternehmen	4
1.1.3.	Die Definition des Versicherungsfalles	5
1.2.	Ursachen für Berufsunfähigkeit	6
2.	**Die staatlichen Leistungen bei Berufsunfähigkeit**	8
2.1.	Die Entwicklung der Renten wegen Berufsunfähigkeit, Erwerbsunfähigkeit und geminderter Erwerbsfähigkeit	9
2.2.	Anspruchsvoraussetzungen für die Rente	11
2.3.	Von der Antragstellung bis zum Wegfall der Voraussetzungen	16
2.3.1.	Die Antragstellung und der Rentenbescheid	16
2.3.2.	Die Berechnung der Rente wegen Erwerbsminderung	18
2.3.2.1.	Entgeltpunkte	18
2.3.2.2.	Zugangsfaktor	19
2.3.2.3.	Rentenartfaktor	19
2.3.3.	Die Hinzuverdienstmöglichkeiten	20
2.3.3.1.	Rentenschädliche Einkommensarten	21
2.3.3.2.	Rentenunschädliche Einkünfte	22
2.3.3.3.	Berechnung der Hinzuverdienstgrenzen	23
2.3.3.4.	Möglichkeiten des Überschreitens der Hinzuverdienstgrenzen	26
2.3.4.	Wegfall der Rentenvoraussetzungen	27
2.4.	Lücken der staatlichen Erwerbsminderungsrente	28
3.	**Die private Berufsunfähigkeitsversicherung**	31
3.1.	Die Entstehung der Berufsunfähigkeitsversicherung im Privatversicherungsrecht	32
3.2.	Die Antragstellung	34
3.2.1.	Der erste Schritt: Persönliche Merkmale erkennen	34
3.2.1.1.	Das Eintrittsalter	35
3.2.1.2.	Der Beruf	35
3.2.1.3.	Der Gesundheitszustand	36
3.2.1.4.	Hobbys	36
3.2.2.	Der zweite Schritt: Die optimale Gestaltung des Vertrags	37
3.2.2.1.	Die Höhe der vereinbarten Rente	37
3.2.2.2.	Selbständige Berufsunfähigkeitsversicherung oder Kombiprodukt	38
3.2.2.3.	Dynamik oder Nachversicherungsgarantie	39
3.2.2.4.	Die Form der Überschussbeteiligung	39
3.2.2.5.	Leistungs- und Versicherungszeiten	40
3.2.2.6.	Pauschal- oder Staffelregelung	41
3.2.2.7.	Karenzzeiten	42
3.2.2.8.	Gruppenvertrag – eine günstige Alternative	42
3.2.3.	Der dritte Schritt: Prüfung der Versicherungs-bedingungen	43
3.2.3.1.	Elf Kriterien für verbraucherfreundliche Versicherungsbedingungen	43

3.2.3.2.	Faire Versicherungen sind wählerisch	47
3.3.	Die Risikoprüfung	49
3.4.	Der Leistungsfall	54
3.4.1.	Der Begriff	55
3.4.1.1.	Die medizinische Komponente	56
3.4.1.2.	Die zeitliche Komponente	56
3.4.1.3.	Die berufsbezogene Komponente	57
3.4.2.	Die Verweisung	59
3.4.3.	Die Feststellung der Berufsunfähigkeit	62
4.	**Gegenüberstellung der Leistungen bei Berufsunfähigkeit**	**64**
4.1.	Sinn und Zweck der Leistungen bei Berufsunfähigkeit	64
4.2.	Wie man zum Versicherten wird	64
4.3.	Einfluss möglicher Vorerkrankungen auf den Vertragsabschluss	64
4.4.	Die Rentenhöhe	65
4.5.	Darlegungs- und Beweispflicht	65
4.6.	Die Bearbeitungszeit	65
4.7.	Einfluss einer Pflegestufe auf die Rentenbewilligung	66
4.8.	Der Leistungsfall	66
4.9.	Hinzuverdienstmöglichkeiten	67
4.10.	Die Problematik der so genannten „Raubbau-Arbeit"	67
4.11.	Die Dauer der Leistung	68
4.12.	Die Wiedererlangung der beruflichen Leistungsfähigkeit und ihre Folgen	70
4.13.	Schließen einer Versorgungslücke	71
5.	**Alternativen zur Berufsunfähigkeitsversicherung**	**72**
5.1.	Erwerbsunfähigkeitsversicherung	72
5.2.	Temporäre Berufsunfähigkeitsversicherung	72
5.3.	Unfallversicherung bzw. Unfallrentenversicherung	73
5.4.	Grundfähigkeitsversicherung	73
5.5.	Dread-Disease-Versicherung	74
6.	**Fazit**	**75**
7.	**Anhang**	**79**
7.1.	Häufige Ursachen für den Ausstieg aus dem Berufsleben bei Frauen und Männern	79
7.2.	Beispiel einer Rentenberechnung	79
7.3.	Beispiele für individuelle Hinzuverdienstgrenzen	80
7.4.	Checkliste: Optimale Vertragsgestaltung	81
7.5.	Weitere wichtige Versicherungsbedingungen	82
7.6.	Risikoarten	85
7.7.	Der Fragebogen und die unterstützenden Versicherungsunternehmen	85
7.8.	Musterfragebögen	87
7.8.1.	Musterfragebogen bei Magen-, Darm- und Speiseröhrenerkrankungen der HanseMerkur Versicherungsgruppe	87
7.8.2.	Musterfragebogen bei Nervenleiden der Gerling G&A Versicherungs-AG	89
7.8.3.	Musterfragebogen bei Diabetes der Volkswohl Bund Versicherungen	90

7.8.4.	Musterfragebogen bei Allergie/Hauterkrankung der HUK-Coburg-Versicherung AG	92
7.8.5.	Musterfragebogen bei Herz-Kreislauf-Erkrankungen der Alte Leipziger Lebensversicherung a. G.	94
7.8.6.	Musterfragebogen bei Erkrankungen der Wirbel-säule/Gelenke der DEVK Versicherung	96
7.8.7.	Musterfragebogen bei Unfallleiden der Standard Life Versicherung	97
7.8.8.	Musterfragebogen bei Rheumatismus Concordia Versicherungsgruppe	99
7.9.	Der Beruf	100
7.10.	Merkmale eines Berufes	100
8.	**Literaturverzeichnis**	**101**

Abkürzungsverzeichnis

Abs.	-	Absatz
a. G.	-	auf Gegenseitigkeit
AG	-	Aktiengesellschaft
AVG	-	Angestelltenversicherungsgesetz

BfA	-	Bundesversicherungsanstalt für Angestellte
BGB	-	Bürgerliches Gesetzbuch
BGH	-	Bundesgerichtshof
BMGS	-	Bundesministerium für Gesundheit und Soziale Sicherung
BU	-	Berufsunfähigkeit
BUR	-	Berufsunfähigkeitsrente
BUZ	-	Berufsunfähigkeitszusatzversicherung
bzgl.	-	bezüglich
bzw.	-	beziehungsweise

ca.	-	zirka

d. h.	-	das heißt

EM	-	Erwerbsminderung
EMR	-	Erwerbsminderungsrente
EU	-	Erwerbsunfähigkeit
EUR	-	Erwerbsunfähigkeitsrente
€	-	Euro
e. V.	-	eingetragener Verein

f.	-	folgende [Seite]
ff.	-	folgende [Seiten]
FDP	-	Freie Demokratische Partei

ggf.	-	gegebenenfalls
GRV	-	gesetzliche Rentenversicherung

Hrsg.	-	Herausgeber

Kfz	-	Kraftfahrzeug

LV	-	Lebensversicherung
LVA	-	Landesversicherungsanstalt
MuBUZ	-	Musterbedingungen der Berufsunfähigkeitszusatzversicherung
Nr.	-	Nummer
o. J.	-	ohne Jahr
o. O.	-	ohne Ort
o. V.	-	ohne Verfasser
RVO	-	Reichsversicherungsordnung
S.	-	Seite
SGB VI	-	Sozialgesetzbuch Sechs
SPD	-	Sozialdemokratische Partei Deutschlands
usw.	-	und so weiter
VDR	-	Verein deutscher Rentenversicherungsträger
vgl.	-	vergleiche
VR	-	Versicherer
VVG	-	Versicherungsvertragsgesetz
Westf.	-	Westfahlen
www	-	world wide web
z. B.	-	zum Beispiel
Ziff.	-	Ziffer

1. Einleitung

Seit einigen Jahren dominiert das Thema Vorsorge insbesondere im Bereich der Altersvorsorge die öffentliche Diskussion. Das hängt damit zusammen, dass sich der Staat langfristig aus der Altersvorsorge zurückzieht. Mit dem heutigen System der drei Säulen[1] ist die Rente ohnehin nur noch zum Teil staatlich finanziert. Dies hat zum einen mit der veränderten Alterspyramide zu tun. Aufgrund der hohen Arbeitslosigkeit und den Geburtenrückgängen gibt es immer weniger Beitragszahler im Vergleich zu den Rentenempfängern. Einhergehend damit beeinflusst die steigende Lebenserwartung, die im gesundheitlichen Fortschritt begründet ist, dass System der gesetzlichen Rentenversicherung und deren langfristige Finanzierbarkeit. Zum anderen liegt diese Problematik im System selbst. In den 8oer Jahren des 20. Jahrhunderts gab es ca. zehn Beitragszahler pro Rentner. Dieses Verhältnis hat sich auf ca. 2 - 3 Beitragzahler pro Rentner verschlechtert und wird sich zukünftig auf ein Verhältnis 1:1 einpendeln. Dieses System des Umlageverfahrens kann nicht uneingeschränkt fortgeführt werden. Es kann jedoch nicht so ohne weiteres reformiert werden. Für Reformen stehen dem Gesetzgeber folgende Möglichkeiten zur Verfügung: das Renteneintrittsalter[2], der Beitragssatz[3] und die Rentenanpassungen[4]. Darüber hinaus überträgt der Staat die Verantwortung der privaten Absicherung auf die Bürger. Das Ziel dieser Verlagerung der Altersvorsorge vom Staat auf die Bürger ist die Entlastung der ersten Säule und gleichzeitig die Stärkung der zweiten und dritten Säule der Altersvorsorge.

In der Diskussion um die Absicherung im Alter bzw. der allgemeinen Vorsorge wird der Absicherung der Arbeitskraft zum Teil unzureichende Bedeutung beigemessen. Denn kann man seinen Beruf nicht mehr ausüben, reicht das Geld meist auch nicht für die private Altersvorsorge. Die Vor-

---

[1] Die drei Säulen der Alterssicherung bestehen aus der gesetzlichen Rentenversicherung (80 %), der betrieblichen Altersvorsorge (7 %) und aus privaten Versicherungsprodukten (3 %).
[2] Zurzeit liegt das Renteneintrittsalter bei 65 Jahren. Bei einem früheren Rentenbeginn muss der Rentner Abschläge an der Rentenhöhe akzeptieren. Diese Abschläge beeinflussen auch die Erwerbsminderungsrenten. Denn dort werden Abschläge für einen Rentenbeginn vor dem 63. Lebensjahr erhoben.
[3] Der Beitragssatz ist der Prozentsatz (2005: 19,5 % des Bruttoverdienstes), nach dem sich der Versicherungsbeitrag der gesetzlichen Rentenversicherung berechnet. Diesen trägt jeweils hälftig der Arbeitgeber und der Arbeitnehmer (Versicherter) (vgl. Informationsmaterial 10 LVA, 2005, S. 37).
[4] In den letzten Jahren wurden nur sehr geringe Anpassungen der Rentenhöhe vorgenommen. 2004 erfolgte erstmals keine Rentenanpassung.

sorge für den Fall der Berufsunfähigkeit ist deshalb wichtig, weil der Staat seine Leistungen reduziert. Die Absicherung für den Fall der Berufsunfähigkeit wird dennoch oft unterbewertet bzw. unterschätzt. Das betrifft insbesondere den Personenkreis der nach 1960 Geborenen. Diese Gruppe erhält im Falle einer Berufsunfähigkeit nur die reduzierte staatliche Erwerbsminderungsrente. Abgesehen von gesundheitlichen Einschränkungen verringert sich einerseits das Einkommen und andererseits ist der Verlust der persönlichen Arbeitskraft mit finanziellen Einbußen verbunden. Das hat Auswirkungen auf den bisherigen Lebensstandard und somit auf das weitere Leben.

Dieses Buch behandelt hauptsächlich Fragen eines Arbeitnehmers zum Thema Berufsunfähigkeit.[5] Weiterhin wird der Begriff BU-Versicherung als Synonym für alle unterschiedlichen Arten der BU-Versicherungen benutzt. Die Begriffe versicherte Person und Versicherungsnehmer[6] werden parallel verwendet, die unterschiedlichen Vertragspflichten werden dabei nicht berücksichtigt.

1.1. Erläuterung der Begriffe Erwerbsminderung, Berufsunfähigkeit und Versicherungsfall

In der gesetzlichen Rentenversicherung und bei den privaten Versicherungsunternehmen wird der Begriff BU unterschiedlich definiert. Versicherungsnehmer gehen davon aus, Anspruch auf Leistungen aus einer privaten BU-Versicherung zu haben, wenn der gesetzliche Rentenversicherungsträger den Eintritt der BU feststellt. Diese Auffassung ist aufgrund der unterschiedlichen Definitionen falsch.

Nachfolgend werden die unterschiedlichen Definitionen des Gesetzgebers und der privaten Versicherungsunternehmen vorgestellt. Im Anschluss an die Definitionen wird erläutert, was ein Versicherungsfall ist.

---

[5] Die Besonderheiten der Bergleute und Beamten werden in dieser Untersuchung nicht behandelt. Selbständige Personen werden punktuell in die Betrachtung einbezogen, denn diese Personengruppe ist oft auf die private Absicherung angewiesen. Die gesamte Untersuchung ist in der männlichen Form geschrieben und soll das Lesen der Untersuchung erleichtern.

[6] Die Person, dessen Leben bzw. Risiko versichert werden soll, ist die versicherte Person. In vielen Fällen besteht eine Identität zwischen versicherter Person und Versicherungsnehmer. Der Versicherungsnehmer ist als Vertragspartner für die Erfüllung der Vertragspflichten verantwortlich (vgl. Geuking, 1998, S. 4).

1.1.1. Gesetzliche Definition der Erwerbsminderung

Der Gesetzgeber hat im Sechsten Buch des Sozialgesetzbuches die Definition der EM verankert. Die bis 31.12.2000 gültigen Termini der Berufs- und Erwerbsunfähigkeit wurden durch den Begriff der EM ersetzt. Demzufolge ist die EM gekennzeichnet durch ein festgelegtes Leistungsvermögen des Versicherten. Hierzu regelt der § 43 SGB VI, wer Anspruch auf eine EMR hat. Der Gesetzgeber unterscheidet dabei in zwei Kategorien der EM.

„Teilweise erwerbsgemindert sind Versicherte, die wegen Krankheit oder Behinderung auf nicht absehbare Zeit außerstande sind, unter den üblichen Bedingungen des allgemeinen Arbeitsmarktes mindestens sechs Stunden täglich erwerbstätig zu sein. ... Voll erwerbsgemindert sind Versicherte, die wegen Krankheit oder Behinderung auf nicht absehbare Zeit außerstande sind, unter den üblichen Bedingungen des allgemeinen Arbeitsmarktes mindestens drei Stunden täglich erwerbstätig zu sein." (BfA, 2004, S. 178)

Die Abbildung 1 stellt die Aufteilung des Leistungsvermögens graphisch dar.

Abbildung 1: Das vorhandene Leistungsvermögen und die zugehörige Erwerbsminderungsrente

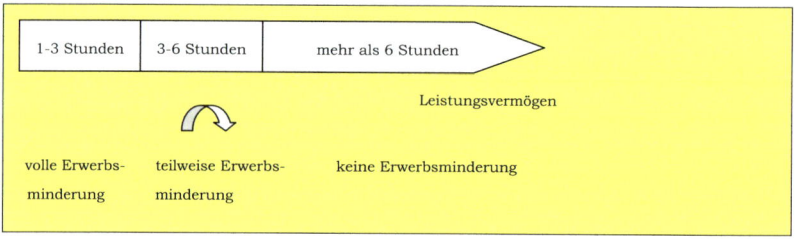

Der Gesetzgeber hat eine Ausschlussklausel im Paragraph 43 SBG VI eingefügt. Demnach gilt ein Versicherter als nicht erwerbsgemindert, wenn er „unter den üblichen Bedingungen des allgemeinen Arbeitsmarktes mindestens sechs Stunden täglich erwerbstätig sein kann; dabei ist die jeweilige Arbeitsmarktlage nicht zu berücksichtigen." (BfA, 2004, S. 178)

Diese Definition zeigt, dass der Gesetzgeber die EM nur vom Grad der noch möglichen Erwerbstätigkeit abhängig macht. Der erreichte berufliche und soziale Stand sowie die Arbeitsmarktlage werden dabei nicht berücksichtigt[7]. Der neue Begriff der EM ist dem bisherigen Rechtsbegriff der EU (§ 44 SGB VI bis zum 31.12.2000 geltende Fassung) nachgebildet. So ist gewährleistet, dass die in der Rechtswissenschaft und Rechtsprechung entwickelten Grundsätze zur EU auf die neue Rente wegen EM übertragen werden können (vgl. Stichnoth/Wiechmann, 2001, S. 54).

Eine Ausnahme der Verschmelzung der Termini der BU und EU stellt der Spezialfall der Berufsunfähigkeit im § 240 SGB VI dar (vgl. Stichnoth/Wiechmann, 2001, S. 54).

„(1) Anspruch auf Rente wegen teilweiser EM haben bei Erfüllung der sonstigen Voraussetzungen bis zur Vollendung des 65. Lebensjahres auch Versicherte, die 1. vor dem 2. Januar 1961 geboren und 2. berufsunfähig sind.

(2) Berufsunfähig sind Versicherte, deren Erwerbsfähigkeit wegen Krankheit oder Behinderung im Vergleich zur Erwerbstätigkeit von körperlich, geistig und seelisch gesunden Versicherten mit ähnlicher Ausbildung und gleichwertigen Kenntnissen und Fähigkeiten auf weniger als sechs Stunden gesunken ist. Der Kreis der Tätigkeiten, nach denen die Erwerbsfähigkeit von Versicherten zu beurteilen ist, umfasst alle Tätigkeiten, die ihren Kräften und Fähigkeiten entsprechen und ihnen unter der Dauer und des Umfangs ihrer Ausbildung sowie ihres bisherigen Berufs und der besonderen Anforderungen ihrer bisherigen Berufstätigkeit zugemutet werden können. Zumutbar ist stets eine Tätigkeit, für die die Versicherten durch Leistungen zur Teilhabe am Arbeitsleben mit Erfolg ausgebildet oder umgeschult worden sind. Berufsunfähig ist nicht, wer eine zumutbare Tätigkeit mindestens sechs Stunden täglich ausüben kann; dabei ist die jeweilige Arbeitsmarktlage nicht zu berücksichtigen." (BfA, 2004, S. 284)

1.1.2. Definition der Berufsunfähigkeit bei privaten Versicherungsunternehmen

Private Versicherungsunternehmen definieren in der Regel im zweiten Paragraphen ihrer Versicherungsbedingungen[8], was sie unter BU verstehen. Der Paragraph ist mit „Was ist BU im Sinne dieser Bedingungen?"

---

[7] Praktisch lässt sich dies nicht realisieren, denn ca. jede Dritte EMR wird aufgrund des verschlossenen Arbeitsmarktes gezahlt. Siehe hierzu ausführlicher Kapitel 4.8. „Der Leistungsfall".

[8] Bei den betrachteten Versicherungsbedingungen stellten nur die Versicherungsbedingungen der AachenMünchener Lebensversicherungsgesellschaft eine Ausnahme dar. Sie definierten den Begriff der BU im ersten Paragraphen.

(Tarifbestimmungen Alte Leipziger LV[9]) überschrieben. Danach ist eine versicherte Person vollständig berufsunfähig, wenn sie aufgrund von Krankheit, Körperverletzung oder Kräfteverfalls den zuletzt ausgeübten Beruf nicht mehr ausüben kann. Die Erkrankung muss mindestens sechs Monate ununterbrochen andauern und ärztlich nachgewiesen werden (vgl. Versicherungsbedingungen Alte Leipziger LV; Volksfürsorge Versicherungsgruppe; Volkswohl Bund LV; AachenMünchener LV).

Dieser Paragraph regelt darüber hinaus, was private Versicherungsgesellschaften nicht unter BU verstehen. Folglich liegt keine BU vor, sobald ein Versicherter eine andere Tätigkeit korrekt ausübt, die seiner Ausbildung, Erfahrung und seiner bisherigen Lebensstellung im Bezug auf Vergütung und sozialer Wertschätzung entspricht. Bei Selbständigen liegt dagegen keine BU vor, wenn sie ihren Betrieb ohne erheblichen Kapitaleinsatz umorganisieren können und die Stelle immer noch für einen Betriebsinhaber angemessen ist (vgl. Versicherungsbedingungen Alte Leipziger LV; Volksfürsorge Versicherungsgruppe; AachenMünchener LV; Volkswohl Bund LV).

Neben der oben genannten vollständigen BU gibt es die teilweise BU. Sie liegt vor, wenn die versicherte Person nur zu einem bestimmten Grad erkrankt ist. Die übrigen Bedingungen der vollständigen BU müssen dennoch vom Versicherten erfüllt werden (vgl. Versicherungsbedingungen Alte Leipziger LV; Volksfürsorge Versicherungsgruppe; Volkswohl Bund LV; AachenMünchener LV).

1.1.3. Die Definition des Versicherungsfalles

Ein bestimmtes Ereignis oder mehrere Ereignisse bilden einen Versicherungsfall, wenn die Versicherung Schutz gegen diese bestimmten Ereignisse gewähren soll. Das bedeutet, dass bestimmte Leistungsvoraussetzungen erfüllt sein müssen, um einen Leistungsanspruch zu erheben (vgl. Rohrlach/Krüger, 1980, S. 10).

---

[9] Der gleiche Wortlaut wird auch von anderen Versicherungsgesellschaften benutzt (z. B. Volksfürsorge Versicherungsgruppe, Volkswohl Bund LV und AachenMünchener LV).

Die nachfolgende Abbildung verdeutlicht diesen Zusammenhang.

Abbildung 2: Die Zusammenhänge von Versicherungsverhältnis, Versicherungsfall und Leistungsanspruch

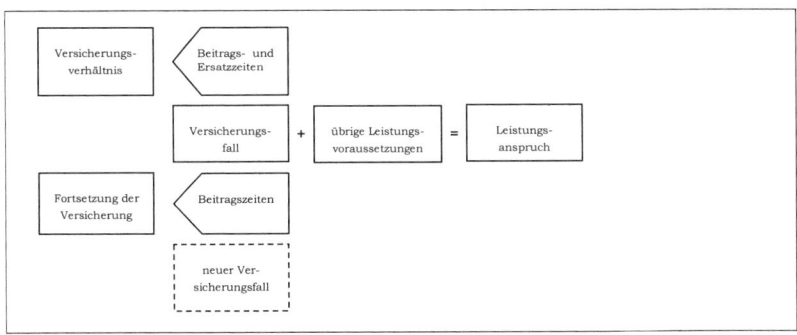

(Quelle: Nach Rohrlach/Krüger, 1980, S. 10.)

Das Versicherungsverhältnis wird durch die Beitrags- bzw. Ersatzzeiten[10] aufrechterhalten. Tritt ein Versicherungsfall ein, müssen festgelegte Voraussetzungen für den Leistungsanspruch erfüllt sein. Sie sind bei der gesetzlichen Rentenversicherung im Sechsten Buch des Sozialgesetzes oder den Versicherungsbedingungen bei den privaten Versicherungsunternehmen verankert. Ein Leistungsanspruch besteht bei Erfüllung aller Voraussetzungen. Sobald sie nicht mehr erfüllt sind, entfällt auch der Leistungsanspruch. Danach wird das Versicherungsverhältnis fortgeführt. D. h. es erfolgen wieder Beitrag- bzw. Ersatzzeiten für das Versicherungsverhältnis bis zum Eintritt eines neuen Versicherungsfalls.

1.2. Ursachen für Berufsunfähigkeit

Jeder vierte bis fünfte Arbeitnehmer wird aufgrund von Krankheit oder Unfall pro Jahr vor dem regulären Rentenalter berufsunfähig. Der Anteil der vor dem 40. Lebensjahr berufsunfähig gewordenen Versicherten liegt bei über 10 Prozent.[11]

Die Abbildung 3 zeigt die Vielschichtigkeit der Ursachen für die BU. Die psychischen Erkrankungen sind mit 31 % eine der häufigsten Ursachen für

---

[10] Siehe hierzu ausführlicher Kapitel 2.2. „Anspruchsvoraussetzungen für die Rente".
[11] Vgl. www.forium.de/do/displayBerufsunfaehigkeitsversicherungIndex, vom 27.10.2004.

BU. Das Auffallende daran ist, dass die psychisch Erkrankten im Durchschnitt bereits mit 48 Jahren berufsunfähig werden. Bei anderen Erkrankungen tritt die BU erst später auf.[12] Zirka ¾ aller Ursachen für BU sind (neben den psychischen Erkrankungen) auf Erkrankungen des Bewegungsapparates (20 %), Krebserkrankungen (15 %) und Herz/ Kreislauferkrankungen (11,5 %) zurückzuführen. Diese Reihenfolge bleibt auch bei einer nach dem Geschlecht getrennten Betrachtung weitgehend erhalten (vgl. o. V., 2004, S. 13, 29).[13]

Abbildung 3: Häufige Ursachen für Berufsunfähigkeit

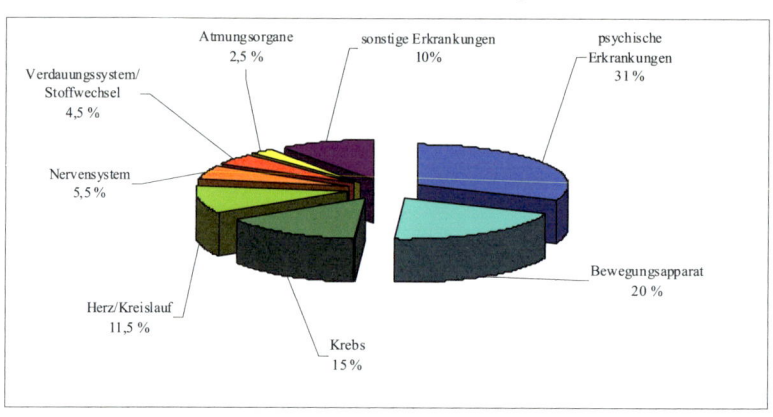

---

[12] Menschen mit Rückenleiden werden z. B. erst mit rund 53 Jahren und Herzkranke mit knapp 54 Jahren berentet (vgl. www.manager-magazin.de/geld/geldanlage/0,2828,311475,00.html, vom 26.10.2004).

[13] Es ergeben sich hauptsächlich Änderungen in der Häufigkeit und kleinere Verschiebungen. Siehe hierzu das Kapitel 7.1. „Häufige Ursachen für den Ausstieg aus dem Berufsleben bei Frauen und Männern".

2. Die staatlichen Leistungen bei Berufsunfähigkeit

Die gesetzliche Rentenversicherung gehört zur Gruppe der Sozialversicherungen. Sie umfasst neben der Altersrente ebenfalls die Rente wegen teilweiser und voller EM. Seit ihrer Einführung vor über 100 Jahren hat sie sich grundlegend verändert. Am Anfang diente die gesetzliche Rentenversicherung als Zuschuss zum allgemeinen Lebensbedarf. In der heutigen Zeit hat sie die Aufgabe, den Lebensstandard zu sichern. Die Literatur rechtfertigt diese Wandlung damit, dass die Rente das versicherte Arbeitsentgelt und Rentenanpassungen berücksichtigt. Dadurch soll sichergestellt werden, dass der einmal erreichte Lebensstandard dauerhaft aufrechterhalten werden kann (vgl. Klein/Becker, o. J., S. 84).

Der Aufbau der gesetzlichen Rentenversicherung orientiert sich an dem Prinzip der Solidargemeinschaft. Daraus folgt, dass den Mitgliedern einer Versicherung für bestimmte Versicherungsfälle Leistungen aus der Versicherung zustehen. Diese Versicherungsfälle werden durch die laufenden Beiträge der Versicherungsmitglieder gedeckt. Die privaten Versicherungsunternehmen arbeiten ebenfalls nach diesem Prinzip (vgl. Rohrlach/Krüger, 1980, S. 9).

Im Sechsten Buch des Sozialgesetzbuches sind die Voraussetzungen und Leistungen der dort geregelten Renten definiert (vgl. Klein/Becker, o. J., S. 85).

Jeder Versicherungsfall in der gesetzlichen Rentenversicherung zieht eine andere Rentenart nach sich. Die Tabelle 1 zeigt, dass nach dem bis 31.12.2000 gültigen Recht jedem Versicherungsfall eine Rentenart zugeordnet werden kann. Diese eindeutige Zuordnung ist mit dem seit 01.01.2001 gültigen Recht nicht mehr möglich. Es muss zunächst die Leistungsfähigkeit des Versicherten beurteilt werden, damit im Anschluss die Rentenart bestimmt werden kann. Ansprüche auf eine Rente haben Personen, die in der gesetzlichen Rentenversicherung versichert sind. Demzufolge sind alle Personen im Rahmen einer Beschäftigung gegen Arbeitsentgelt oder einer Berufsausbildung gesetzlich rentenversichert. Nicht pflichtversicherte Personen können freiwillig Beiträge[14] in die GRV einzahlen (vgl. Klein/Becker, o. J., S. 85).

---

[14] Darauf soll im Rahmen dieses Handbuches nicht näher eingegangen werden. Weitere Informationen dazu in Informationsmaterial 14, Freiwillige Versicherung, LVA, 2004.

Tabelle 1: Übersicht der Rentenarten je Versicherungsfall

bis 31.12.2000 gültiges Recht	
Versicherungsfall	**Rentenart**
Berufsunfähigkeit	Rente wegen Berufsunfähigkeit
Erwerbsunfähigkeit	Rente wegen Erwerbsunfähigkeit
Alter	Altersruhegeld

ab 01.01.2001 gültiges Recht	
Versicherungsfall	**Rentenart**
Erwerbsminderung	o Rente wegen teilweiser Erwerbsminderung o Rente wegen teilweiser Erwerbsminderung bei Berufsunfähigkeit o Rente wegen voller Erwerbsminderung
Alter	Altersruhegeld

(Quelle: In Anlehnung an Rohrlach/Krüger, 1980, S. 10.)

2.1. Die Entwicklung der Renten wegen Berufsunfähigkeit, Erwerbsunfähigkeit und geminderter Erwerbsfähigkeit

Die Entwicklung der gesetzlichen Rentenversicherung ist geprägt von einer ständigen Anpassung an gesellschaftliche Veränderungen. Dadurch vollzog sich eine Vielzahl von Erweiterungen in der gesetzlichen Rentenversicherung. Die Rentenversicherung für Arbeiter besteht seit 01.01.1891 bzw. die Rentenversicherung für Angestellte seit 01.01.1913. Die Rentenarten und Leistungen wurden in gesetzlichen Vorschriften verankert (vgl. Rohrlach/Krüger, 1980, S. 11).

Nachfolgend werden die wichtigsten Etappen der gesetzlichen Rentenversicherung in Bezug auf die BUR, EUR und EMR seit dem Bestehen der Bundesrepublik Deutschland dargestellt.

In der GRV gab es bis 1956 das Ruhegeld bei BU für Angestellte und die Rente wegen Invalidität für Arbeiter. Diese Leistungen stimmten insoweit überein, da die Versicherten auf zumutbare Arbeiten und im Rahmen ihrer Arbeitsfähigkeit vermittelt werden konnten. Eine Unterscheidung gab es bei der Auslegung der zumutbaren Tätigkeiten. Die zumutbaren Tätigkeiten der Angestellten bezogen sich auf die entsprechende Berufsgruppe. Im Gegensatz dazu wurden Versicherte der Rentenversicherung für Arbeiter auf dem allgemeinen Arbeitsmarkt vermittelt. Das bedeutete, sie wurden auf berufsfremde Arbeiten verwiesen. Zum 01.01.1957 trat eine einheitliche Rente wegen BU für beide Versicherungsbereiche in Kraft. Das Angestellten- und Arbeiterrentenversicherungsneuregelungsgesetz wurde notwendig, weil es keinen Grund mehr für diese Unterscheidung gab. Im Rahmen dieses Neuregelungsgesetzes wurde eine neue Rentenart eingeführt. Die Rente wegen Erwerbsunfähigkeit hatte bis zu diesem Zeitpunkt in den gesetzlichen Regelungen der Rentenversicherung für Angestellte wie Arbeiter kein Vorbild. Damit stufte der Gesetzgeber die unterschiedlichen Beeinträchtigungen ab. Aus dieser Unterscheidung der Beeinträchtigung der Leistungsfähigkeit folgte ein unterschiedlicher Versicherungsschutz (vgl. Rohrlach/Krüger, 1980, S. 11-14).

Ein berufsunfähiger Versicherter besitzt noch ein gewisses Restleistungsvermögen, das er in einer beruflichen Tätigkeit umsetzen soll, um damit Einkünfte zu erzielen. Somit dient die Rente wegen BU dem finanziellen Ersatz der Einkommensteile, die der Versicherte aufgrund der BU nicht mehr erwirtschaften kann. Ein erwerbsunfähiger Versicherter besitzt ein kaum wahrnehmbares Restleistungsvermögen. Deshalb kann von ihm nicht erwartet werden, dass er seinen Lebensunterhalt durch eine Berufstätigkeit bestreitet (vgl. Rohrlach/Krüger, 1980, S. 14).

Das Gesetz wurde 1972 im Zuge einer Rentenreform um einen Satz ergänzt. Dieser bezieht sich auf selbständige Personen. Er besagt, dass ein Versicherter nicht erwerbsunfähig ist, wenn er seine selbständige Tätigkeit weiterhin ausübt. Hintergrund dafür ist, dass selbständige Personen bei Einschränkungen der körperlichen und seelischen Leistungsfähigkeit weiterhin als erwerbstätig gelten, wenn sie Einkommen erzielen können. Aus diesem Grund legte der Gesetzgeber das Nichtausüben der selbständigen Tätigkeit zur Voraussetzung der EU fest (vgl. Rohrlach/Krüger, 1980, S. 14).

Eine weit reichende Reform der Renten wegen BU und EU wurde 1997 im Rahmen zur Reform der gesetzlichen Rentenversicherung vorbereitet. Ein Ziel war es, die Kosten für die Renten, die ausschließlich wegen dem verschlossenen Arbeitsmarkt gezahlt wurden, sachgerecht und sozial zwischen der Arbeitslosen- und Rentenversicherung zu verteilen. Dabei hatte die Abgrenzung des Risikos ausgewogen zu erfolgen. Die Reform sollte wie folgt umgesetzt werden: Die Rente wegen verminderter Erwerbsfähigkeit ist nur aufgrund des beeinträchtigten Gesundheitszustandes des Versicherten zu leisten. Der Arbeitsmarkt sollte nicht in die Betrachtung einbezogen werden (vgl. Wollschläger, 2001, S. 276).

Diese Rentenreform wurde 1998 von der neu gewählten Bundesregierung mit Ziel ausgesetzt, um sozial gerechtere Regelungen zu erarbeiten. Die bisher letzte Reform (Renten wegen verminderter Erwerbsfähigkeit) wurde Ende 2000 vom Gesetzgeber beschlossen und trat zum 01.01.2001 in Kraft. Dadurch erfolgte eine Ablösung des bisherigen Systems der Renten wegen BU und EU[15], hin zu einer zweistufigen EMR. Die neue Rente wird bei Vorliegen teilweiser oder voller EM geleistet. Für Personen die vor dem 02.01.1961 geboren wurden, fügte der Gesetzgeber den § 240 SGB VI zum Vertrauensschutz ein. Dieser Paragraph regelt die Absicherung bei BU für diese Personengruppe. Von der Gesetzesänderung nicht betroffen sind Personen, die bereits am 31.12.2000 Anspruch auf eine Berufs- oder Erwerbsunfähigkeitsrente besaßen. Das gilt solange, wie die Voraussetzungen für die Rentenbewilligung erfüllt sind. Die Gesetzesänderung verfolgt im Wesentlichen vier Ziele. 1. Die Abschaffung der Bevorzugung der Gebildeten im Gegensatz zu den Angelernten Versicherten. Im neuen System gilt der Grundsatz der Gleichbehandlung: das Restleistungsvermögen bestimmt die Rentenart. Dabei trägt die gesetzliche Rentenversicherung neben dem Invaliditätsrisiko das Arbeitsmarktrisiko. 2. Das Arbeitsmarktrisiko soll sachlich zwischen Renten- und Arbeitslosenversicherung verteilt werden. Das soll sicherstellen, dass die GRV nicht allein die finanziellen Lasten zu tragen hat, wenn ein Berufsunfähiger nicht auf eine Teilzeitstelle vermittelt werden kann. Das gewährleisten Erstattungsleistungen von der Bundesanstalt für Arbeit an die Rentenversicherung. 3. Der Grundsatz „Rehabilitation vor Rente" soll weiter gestärkt werden, indem Versicherte mit eingeschränkter Erwerbsfähigkeit in medizinische und berufsorientierende Maßnahmen vermittelt werden. Damit soll die Wiedereingliederung ins Erwerbsleben ermöglicht werden. 4. Der Gesetzgeber erwartete durch die Einführung der Reform eine wesentliche Kostensenkung und damit eine Verringerung der EMR-Anträge ebenso der Rentenbeträge (vgl. Stichnoth/Wiechmann, 2001, S. 53 f.; vgl. Schmalisch, 2001, S. 45; vgl. Wollschläger, 2001, S. 276).

2.2. Anspruchsvoraussetzungen für die Rente

Anspruch auf eine Rente kann ein Versicherter erheben, wenn er alle gesetzlichen Erfordernisse bis zu diesem Zeitpunkt erfüllt. Dabei sind persönliche, versicherungsrechtliche und medizinische Voraussetzungen zu unterscheiden. Die persönlichen Voraussetzungen sind erfüllt, wenn der Versicherte das 65. Lebensjahr noch nicht vollendet hat und eine BU, EU oder EM vorliegt.

---

[15] Die Regelungen waren bis zum 31.12.2000 hauptsächlich in den §§ 43, 44 SGB VI verankert (vgl. Stichnoth/Wiechmann, 2001, S. 53 f.).

Bei den medizinischen Voraussetzungen handelt es sich um chronische Erkrankungen oder Folgen eines Unfalls. Dabei wird davon ausgegangen, dass die Leistungsfähigkeit auf nicht absehbare Zeit eingeschränkt ist. Darunter wird mindestens ein Zeitraum von sechs Monaten verstanden. Aus diesen Erkrankungen folgt das Vorliegen der BU, der EU bzw. der EM. Deshalb beeinflussen die medizinischen gleichzeitig die persönlichen Voraussetzungen (vgl. Informationsmaterial 3 LVA, 2004, S. 9; vgl. Stichnoth/ Wiechmann, 2001, S. 55).

Die Abbildung 4 zeigt die häufigsten Ursachen bzw. Erkrankungen, die bei der seit 01.01.2001 geltenden EMR aufgetreten sind. Es ist zu erkennen, dass die Erkrankungen des Skeletts und psychische Erkrankungen den größten Anteil bilden. Das sind annähernd die gleichen Anteile wie bei den Ursachen für Berufsunfähigkeit[16].

Abbildung 4: Rentenzugang nach Diagnosegruppen 2002

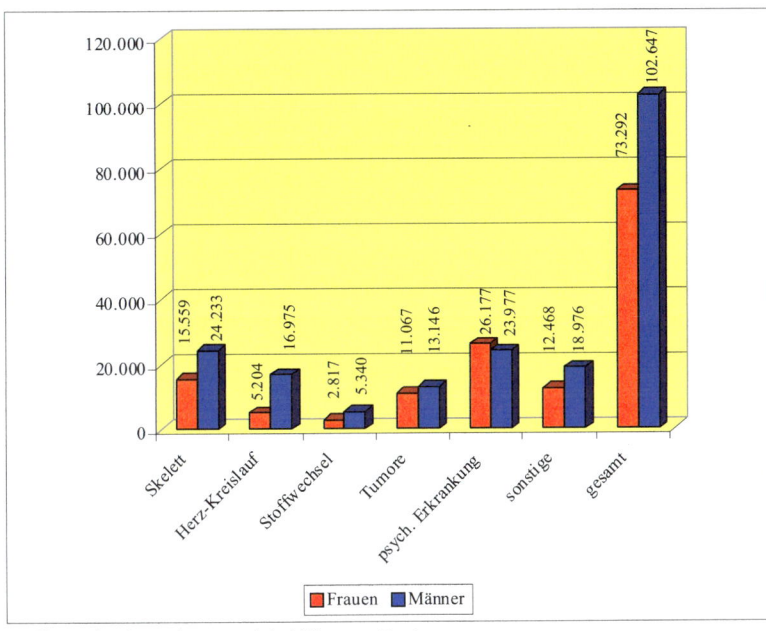

(Quelle: Nach Informationsmaterial 3 LVA, 2004, S. 9.)

---

[16] Siehe hierzu Kapitel 1.2. „Ursachen für die Berufsunfähigkeit".

Die nachfolgende Tabelle 2 enthält eine Zusammenfassung der persönlichen und versicherungsrechtlichen Voraussetzungen für eine Rente. Dabei werden die fünf unterschiedlichen Rentenarten parallel betrachtet. Aufgrund von geringen Unterschieden bei den Voraussetzungen werden die Definitionen der einzelnen Rentenarten in den Erläuterungen zur Verdeutlichung mit aufgeführt.

Die wichtigsten versicherungsrechtlichen Anspruchsvoraussetzungen, wie in Tabelle 2 dargestellt, sind für die fünf Rentenarten weitgehend identisch. Die Prüfung der Voraussetzungen beginnt mit den Versicherungszeiten. Dabei müssen vor der Beeinträchtigung innerhalb der letzten fünf Jahre mindestens drei Jahre Pflichtbeiträge gezahlt worden sein. Verfügt ein Versicherter nicht über diese Mindestpflichtbeitragszeiten, verlängert sich der Fünf-Jahreszeitraum um weitere Zeiten (z. B. Berücksichtigungszeiten, Anrechnungszeiten). Im Anschluss erfolgt die Prüfung der Wartezeit. Dabei wird unterschieden, ob die allgemeine Wartezeit von fünf Jahren erfüllt ist oder die Wartezeit vorzeitig erfüllt wurde. Verfügt ein Versicherter über weniger als fünf Beitragsjahre, wird die vorzeitige Wartezeiterfüllung geprüft. Sie gilt für folgende Fälle.

1. Es handelt sich um einen Pflichtversicherten, der einen Arbeitsunfall bzw. eine Berufskrankheit erlitten hat.

2. Es handelt sich um eine Wehrdienst- oder Zivildienstbeschädigung. Dann muss nur ein Pflichtbeitrag in die GRV gezahlt worden sein.

3. Die EM tritt bis zu 6 Jahre nach dem Ausbildungsende ein. In diesem Fall müssen Pflichtbeiträge von zwei Jahren vorhanden sein (vgl. Buechner, 2001, S. 560 f.).

Tabelle 2: Anspruchsvoraussetzungen für die Rente

Voraussetzung	Rente wegen Berufsunfähigkeit (Recht bis 31.12.2000)	Rente wegen Erwerbsunfähigkeit (Recht bis 31.12.2000)	Rente wegen teilweiser Erwerbsminderung (Recht ab 01.01.2001)	Rente wegen teilweiser Erwerbsminderung bei Berufsunfähigkeit (Recht ab 01.01.2001)	Rente wegen voller Erwerbsminderung (Recht ab 01.01.2001)
persönliche Voraussetzungen	- Nichtvollendung des 65. Lebensjahres - Vorliegen der Berufsunfähigkeit[1]	- Nichtvollendung des 65. Lebensjahres - Vorliegen der Erwerbsunfähigkeit[2]	- Nichtvollendung des 65. Lebensjahres - Vorliegen der teilweisen Erwerbsminderung[3]	- Nichtvollendung des 65. Lebensjahres - vor dem 02.01.1961 geboren - Vorliegen der teilweisen Erwerbsminderung[4]	- Nichtvollendung des 65. Lebensjahres - Vorliegen der vollen Erwerbsminderung[5]
versicherungsrechtliche Voraussetzungen	- in den letzten fünf Jahren vor der Berufsunfähigkeit müssen mindestens drei Jahre Pflichtbeiträge gezahlt worden sein - es muss die allgemeine Wartezeit[6] von fünf Jahren erfüllt sein	- in den letzten fünf Jahren vor der Erwerbsunfähigkeit müssen mindestens drei Jahre Pflichtbeiträge gezahlt worden sein - es muss die allgemeine Wartezeit[6] von fünf Jahren erfüllt sein	- in den letzten fünf Jahren vor der Erwerbsminderung müssen mindestens drei Jahre Pflichtbeiträge gezahlt worden sein - es muss die allgemeine Wartezeit[6] von fünf Jahren erfüllt sein[7]	- in den letzten fünf Jahren vor der Erwerbsminderung müssen mindestens drei Jahre Pflichtbeiträge gezahlt worden sein - es muss die allgemeine Wartezeit[6] von fünf Jahren erfüllt sein	- in den letzten fünf Jahren vor der Erwerbsminderung müssen mindestens drei Jahre Pflichtbeiträge gezahlt worden sein - es muss die allgemeine Wartezeit[6] von fünf Jahren erfüllt sein[7]

(Quelle: Eigene Darstellung, www.bfa.de/nn_11654/de/Navigation/Themen/Rente/Rente/Rente__wegen__EM__node.naviExpand=de.html__nnn=true vom 09.05.2005, Buechner, 2001, S. 560 f.)

Erläuterungen zur Tabelle:

[1] Im Recht, dass bis 31.12.2000 gültig war, wurde BU wie folgt definiert: Versicherte, die aus gesundheitlichen Gründen ihren oder einen anderen Beruf weniger als die Hälfte leisten können, im Vergleich zu gesunden Berufstätigen, sind berufsunfähig (vgl. www.bfa.de/nn_9166/de/Navigation/Themen/Rente/Rente_20wegen_20EM/BU-Rente__node.html__nnn=true, vom 09.05.2005).

[2] Im Recht, dass bis 31.12.2000 gültig war, wurde EU wie folgt definiert: Kann ein Versicherter aus gesundheitlichen Gründen seine regelmäßige Erwerbstätigkeit nicht mehr ausüben, so ist er erwerbsunfähig. Kann eine versicherte Person noch eine selbständige Arbeit ausüben, zählt er nicht als erwerbsunfähig (vgl. www.bfa.de/nn_9166/de/Navigation/Themen/Rente/Rente_20wegen_20EM/EU-Rente__node.html__nnn=true, vom 09.05.2005).

[3] Im gültigen Recht seit 01.01.2001 gilt ein Versicherter als teilweise erwerbsgemindert, wenn er aus gesundheitlichen Gründen nur zwischen drei und sechs Stunden täglich auf den allgemeinen Arbeitsmarkt tätig sein kann (vgl. www.bfa.de/nn_9166/de/Navigation/Themen/Rente/Rente_20wegen_20EM/Rente__teilweiser__EM__node.html__nnn=true, vom 09.05.2005).

[4] Ein Versicherter, der aus gesundheitlichen Gründen weniger als sechs Stunden täglich seinem oder einen anderen zumutbaren Beruf nachgehen kann, ist berufsunfähig. Das Leistungsvermögen wird mit dem eines vergleichbaren gesunden Berufstätigen verglichen (vgl. www.bfa.de/nn_9166/de/Navigation/Themen/Rente/Rente_20wegen_20EM/Rente__teilweiser__EM__bei__BU__node.html__nnn=true, vom 09.05.2005).

[5] Ein Versicherter, der aus gesundheitlichen Gründen auf dem allgemeinen Arbeitsmarkt weniger als drei Stunden täglich tätig sein kann, ist voll erwerbsgemindert (vgl. www.bfa.de/nn_9166/de/Navigation/Themen/Rente/Rente_20wegen_20EM/Rente__voller__EM__node.html__nnn=true, vom 09.05.2005).

[6] Diese Zeiten können auf die allgemeine Wartezeit angerechnet werden: „Beitragszeiten aus Pflichtbeiträgen oder freiwilligen Beiträgen, Kindererziehungszeiten, Zeiten aus dem Versorgungsaus-

gleich und dem Rentensplitting unter Ehegatten, Zeiten geringfügiger Beschäftigung mit Beitragszahlungen des Arbeitgebers, Zuschläge an Entgeltpunkten für Arbeitsentgelt aus geringfügiger versicherungsfreier Beschäftigung, Ersatzzeiten (z. B. Kriegsdienst, Kriegsgefangenschaft)" (www.bfa.de/nn_9166/de/Navigation/Themen/Rente /Rente_20 wegen_20EM/BU-Rente__node.html__nnn=true, vom 09.05.2005). Weiterhin zählt die Wartezeit als erfüllt, wenn die BU aufgrund eines Arbeitsunfalls oder einer Schädigung während des Wehr- oder Zivildienstes eingetreten ist. In diesem Fall genügt schon ein Pflichtbeitrag (vgl. www.bfa.de/nn_9166/de/Navigation/Themen/Rente/Rente_20weg en_20EM/BU-Rente__node.html__nnn=true, vom 09.05.2005). Es soll hier nicht näher auf die unterschiedlichen anzurechnenden Wartezeiten eingegangen werden. Nähere Informationen befinden sich bei Benen/Traube, 2004, S. 14-41.

[7] Darüber hinaus gilt für Berufsanfänger die Wartezeit als erfüllt, wenn sie vor Ablauf von sechs Jahren nach der Ausbildung erwerbsunfähig geworden sind und in den letzten zwei Jahren vor der EU mindestens ein Jahr Pflichtbeiträge gezahlt haben. Dieser Zwei-Jahreszeitraum wird um die Zeiten einer schulischen Ausbildung (nach dem 17. Lebensjahr) auf bis zu sieben Jahre verlängert (vgl. www.bfa.de/nn_9166/de/Navigation/Themen/Rente/Rente_20weg en_20EM/EU-Rente__node. html__nnn=true, vom 09.05.2005).

2.3. Von der Antragstellung bis zum Wegfall der Voraussetzungen

2.3.1. Die Antragstellung und der Rentenbescheid

Antragsberechtigt sind Versicherte, die das 15. Lebensjahr vollendet haben oder ein gesetzlicher Vertreter, Bevollmächtigter oder Betreuer der versicherten Person. Bevor ein Versicherter eine Rente erhalten kann, muss er bei der zuständigen Behörde einen Antrag stellen. Das ist in der Regel der Empfänger der Versicherungsbeiträge. Die Bearbeitung von Anträgen nehmen die Behörden vor, die in der Tabelle 3 dargestellt sind (vgl. Informationsmaterial 5 der BfA, 2003, S. 32).

Tabelle 3: Zuständigkeit des Rentenantrages

Behörde	Zuständigkeit
BfA	Wenn die letzten Pflichtbeiträge bzw. freiwillige Beiträge an die Angestelltenversicherung gezahlt wurden.
Seekasse in Hamburg	Wenn vom Versicherten während seiner gesamten Versicherungszeit Beitragszeiten als seemännischer Angestellter oder Arbeiter zurückgelegt wurden.
örtliche Bezirksleitung der Bahnversicherungsanstalt	Wenn die letzten Beitragszeiten als Angestellter der Deutschen Bahn AG zurückgelegt wurden.
örtliche Landesversicherungsanstalt	Wenn die letzten Pflichtbeiträge bzw. freiwillige Beiträge an die Arbeiterrentenversicherung gezahlt wurden.
örtliche Verwaltungsstelle der Bundesknappschaft	Wenn vom Versicherten irgendwann ein Beitrag aufgrund einer Beschäftigung zur knappschaftlichen Rentenversicherung gezahlt wurde.

Die oben dargestellten Rentenversicherungsträger wurden am 01.10.2005 zur „Deutschen Rentenversicherung" zusammengefasst.

Das Rentenverfahren für die Rente wegen teilweiser bzw. voller EM ohne einen Rentenantrag beginnt, wenn der Versicherte Leistungen zur Teilhabe[17] beim Rentenversicherungsträger beantragt hat. Der Antrag gilt unter zwei Voraussetzungen als Rentenantrag. 1. Der Versicherte muss teilweise bzw. voll erwerbsgemindert oder berufsunfähig sein. 2. Durch Leistungen zur Teilhabe kann diese EM nicht abgewendet oder nicht wesentlich verbessert werden. In diesem Fall wird der Antrag zur Teilhabe zum Rentenantrag ausgelegt. Für den Versicherten bedeutet das, dass er das Rentenantragsformular nachträglich auszufüllen hat. Der Antragszeitpunkt ist jedoch der Tag der Beantragung zur Teilhabe. Dadurch wird eine verspätete Beantragung der Rente vermieden (vgl. Informationsmaterial 5 der BfA, 2003, S. 33).[18]

Der Rentenbescheid bildet den Abschluss des Rentenverfahrens. Dieser enthält die Informationen über den Rentenbeginn und die Rentenhöhe sowie welche Zeiten in der Rentenberechnung Berücksichtigung fanden. Innerhalb eines Monats kann bei der ausstellenden Behörde ein schriftli-

---

[17] Unter Leistungen zur Teilhabe versteht man Leistungen zur medizinischen Rehabilitation oder Leistungen zur Teilhabe am Arbeitsleben. Siehe Informationsmaterial 5 der BfA, 2003, S. 33.

[18] Der § 99 Abs. 1 SGB VI enthält die Voraussetzungen von denen der Rentenbeginn abhängt. Dies ist zum einen der Kalendermonat, in dem die Anspruchsvoraussetzungen erfüllt sind. Zum anderen ist es das Datum der Antragstellung. Aus diesem Grund ist der Zeitpunkt des Rentenantrags für den Beginn der Rentenzahlung ausschlaggebend. Der frühest mögliche Rentenbeginn wird eingehalten, wenn der Rentenantrag spätestens drei Monate nach Erfüllung der Anspruchsvoraussetzungen gestellt wird. Erfolgt die Antragstellung nach dieser dreimonatigen Frist, beginnt die Rente mit dem Monat der Antragstellung (vgl. Benen/Traube, 2004, S. 43 f.).

cher Widerspruch eingelegt werden. Dieser muss eine Begründung für die Fehlerhaftigkeit enthalten. Damit neue Aspekte im Widerspruchsverfahren berücksichtigt werden können. Ohne eine Begründung kann die Behörde nur nach der vorliegenden Aktenlage entscheiden.[19]

2.3.2. Die Berechnung der Rente wegen Erwerbsminderung

Die Frage, in welcher Höhe die Rente gezahlt wird, gehört zu den meist gestellten Fragen bei der Antragstellung auf eine Rente. Eine kurze und einfache Antwort ist jedoch nicht möglich. Die Rentenberechnung soll so individuell wie möglich erfolgen. Aus diesem Grund ist die Berechnung der Rente sehr schwierig. Darüber hinaus gebraucht der Gesetzgeber Begriffe, die relativ schwer zu erklären sind. Es folgt ein Überblick über die wichtigsten Faktoren der Rentenberechnung. Die Höhe der Beiträge, die während der gesamten Versicherungszeit bis zum Eintritt der EM eingezahlt wurden, bestimmen hauptsächlich die Höhe der Rente (vgl. Informationsmaterial 5 der BfA, 2003, S. 28).

2.3.2.1. Entgeltpunkte

Hat ein Versicherter während eines Kalenderjahres so viel Verdienst versichert wie die durchschnittliche Entgelthöhe aller Versicherten, erhält er dafür einen Entgeltpunkt. Liegt der versicherte Verdienst höher oder niedriger als das Durchschnittsentgelt aller Versicherten, erwirbt er mehr bzw. weniger als einen Entgeltpunkt. Bei Versicherten der neuen Bundesländer erfolgt bei der Ermittlung der Entgeltpunkte zusätzlich eine Anpassung an das Niveau der alten Bundesländer. Diese Entgeltpunkte heißen Entgeltpunkte (Ost).[20]

Zeiten der Kindererziehung[21] und bestimmte beitragsfreie Zeiten[22] werden ebenso mit Entgeltpunkten abgegolten. Eine Erhöhung ist nicht unbegrenzt möglich. Das maximal versicherte Einkommen bildet die Beitragsbemessungsgrenze der gesetzlichen Rentenversicherung und somit die Grenze der möglichen Entgeltpunkte. Hat der Versicherte das 60. Le-

---

[19] Vgl. www.bfa.de/nn_11654/de/Navigation/Themen/Rente/Rente__wegen__EM__node,naviExpand=de.html__nnn=true, vom 09.05.2005.
[20] Die Verwendung der Entgeltpunkte Ost oder West sind davon abhängig, welchen Standort der Arbeitgeber als Betriebsstandort gemeldet hat.
[21] Nähere Informationen siehe Informationsmaterial 5 der BfA, 2003, S. 29 und 45.
[22] Auf die unterschiedlichen beitragsfreien Versicherungszeiten (z. B. Schulzeiten) wird hier nicht näher eingegangen. Siehe Informationsmaterial 5 der BfA, 2003, S. 38 ff.

bensjahr noch nicht vollendet, werden bis zur EM zurückgelegte Zeiten hinzugerechnet. Damit soll bei einem frühzeitigen Eintritt der EM die Lohnersatzfunktion der EMR gesichert bleiben (vgl. Informationsmaterial 5 der BfA, 2003, S. 29 f.; vgl. Informationsmaterial Fremdwort Rente, 2003, S. 25).

2.3.2.2. Zugangsfaktor

Der individuelle Faktor in der Rentenformel ist die Summe der erworbenen Entgeltpunkte. Diese werden mit dem Zugangsfaktor vervielfacht und ergeben die persönlichen Entgeltpunkte. Das Alter des Versicherten bei Beginn der Rente ist maßgebend für den Zugangsfaktor. Dieser beträgt grundsätzlich 1,0. Von diesem Betrag weicht er ab, wenn die Rente wegen EM vor den 63. Lebensjahr in Anspruch genommen wird. Dann mindert sich der Zugangsfaktor um 0,003 Punkte für jeden Monat vor dem 63. Lebensjahr. Das entspricht einer monatlichen Rentenminderung von 0,3 %. Sollte die Rente vor dem 60. Lebensjahr beginnen, ist die Minderung des Zugangsfaktors auf das 60. Lebensjahr begrenzt. Folglich beträgt die höchste monatliche Rentenminderung 10,8 % und das entspricht 36 Monaten (vgl. Informationsmaterial 5 der BfA, 2003, S. 30; vgl. Informationsmaterial Fremdwort Rente, 2003, S. 73 f.).

2.3.2.3. Rentenartfaktor

Die unterschiedlichen Sicherungsziele der verschiedenen Rentenarten bestimmen den Rentenartfaktor. Für die Rente wegen teilweiser EM bzw. Rente wegen teilweiser EM bei Berufunfähigkeit beträgt der Faktor 0,5. Bei der Rente wegen voller EM beträgt er 1,0 (vgl. Informationsmaterial 5 der BfA, 2003, S. 30; vgl. Informationsmaterial Fremdwort Rente, 2003, S. 48).

Abbildung 5: Formel zur Berechnung der Rente

> Entgeltpunkte x Zugangsfaktor = persönliche Entgeltpunkte
>
> bzw.
>
> Entgeltpunkte (Ost) x Zugangsfaktor = persönliche Entgeltpunkte (Ost)
>
>
>
> persönliche Entgeltpunkte x Rentenartfaktor x aktueller Rentenwert
>
> = **die Monatsrente**
>
> bzw.
>
> persönliche Entgeltpunkte (Ost) x Rentenartfaktor x aktueller Rentenwert (Ost)
>
> = **die Monatsrente (Ost)**

In dem die persönlichen Entgeltpunkte mit dem Rentenartfaktor und dem aktuellen Rentenwert vervielfacht werden, ergibt sich die Monatsrente. Als zeitnaher Wert ist der aktuelle Rentenwert für alle Versicherten gleich hoch. Eine Ausnahme bilden die neuen Bundesländer. Für sie gilt der aktuelle Rentenwert (Ost). Bis zur Angleichung des Lohn- und Gehaltsniveaus an das der alten Bundesländer bleibt diese Ausnahme bestehen. Für Bezugszeiten ab dem 01.07.2003 beträgt der aktuelle Rentenwert 26,13 € bzw. 22,97 € für den aktuellen Rentenwert (Ost). Im Jahr 2004 gab es keine Rentenanpassung und deshalb keinen neuen aktuellen Rentenwert. Die monatliche Rente berechnet sich nach der Formel[23] in Abbildung 5. Die Rentenzahlung kann sich ggf. um Zusatzleistungen aus dem Kinderzuschuss[24] erhöhen (vgl. Informationsmaterial 5 der BfA, 2003, S. 30 f.; vgl. Informationsmaterial Tipps für Rentner der BfA, 2004, S. 9 f.).

2.3.3. Die Hinzuverdienstmöglichkeiten

In einem bestimmten Umfang[25] dürfen Rentenbezieher hinzuverdienen. Die Höhe des Verdienstes hat Auswirkungen auf die Rentenhöhe. Es besteht daher die Möglichkeit, dass die Rente in voller Höhe, in anteiliger Höhe oder nicht gezahlt wird. Darüber hinaus kann der Hinzuverdienst dazu führen, dass die Voraussetzungen für die Rente wegfallen und somit

---

[23] Siehe hierzu Kapitel 7.2. „Beispiel einer Rentenberechnung".
[24] Dieser beträgt jährlich 938,12 €, das sind monatlich 78,18 €. Siehe hierzu näher Informationsmaterial 5 der BfA, 2003, S. 28 ff.
[25] Die Hinzuverdienstmöglichkeiten sind im § 96a SGB VI geregelt.

keine EM mehr vorliegt.[26] Deshalb empfiehlt die BfA jedem Rentenbezieher, die Aufnahme einer beruflichen Tätigkeit zu melden. Damit werden Überzahlungen und mögliche Rentenrückforderungen vermieden (vgl. Informationsmaterial 5 der BfA, 2003, S. 11).

Nachfolgend werden die Einkommensarten dargestellt, die sich auf die Rentenzahlung auswirken. Im Anschluss daran wird erläutert, wie die Hinzuverdienstgrenze berechnet wird und welche Möglichkeiten es für das Überschreiten dieser Grenze gibt.

2.3.3.1. Rentenschädliche Einkommensarten

Rentenschädliche Einkommensarten sind Einkommen, die Einfluss auf die Änderung der Rentenhöhe haben. Dabei sind vier unterschiedliche Arten zu unterscheiden, Arbeitsentgelt aus abhängiger Arbeit, Arbeitseinkommen aus selbständiger Tätigkeit, vergleichbares Einkommen und Sozialleistungen (vgl. Informationsmaterial 5 der BfA, 2003, S. 12; vgl. Informationsmaterial BMGS, 2005, S. 16 f.).

Arbeitsentgelt

Alle lohnsteuerpflichtigen Zahlungen des Arbeitgebers (z. B. Löhne bzw. Gehälter, Familienzuschläge, Urlaubsgelder, Weihnachtsgelder) gehören zum Arbeitsentgelt und finden somit Berücksichtigung beim Hinzuverdienst. Dem Arbeitsentgelt gleichgestellt sind Vorruhestandsgelder. Nicht berücksichtigt wird gezahltes Entgelt für eine nicht erwerbsmäßige Pflegetätigkeit (vgl. Informationsmaterial 5 der BfA, 2003, S. 12 f.; vgl. Informationsmaterial BMGS, 2005, S. 16).

Arbeitseinkommen

Der Gewinn, der nach den allgemeinen Gewinnermittlungsvorschriften des Einkommensteuerrechts ermittelt wird, gilt als Arbeitseinkommen aus einer selbständigen Tätigkeit. Das bedeutet, dass vorher die Betriebsausgaben vom Einkommen abgezogen werden. Somit entspricht der steuerrechtliche Gewinn dem Arbeitseinkommen (vgl. Informationsmaterial 5 der BfA, 2003, S. 13; vgl. Informationsmaterial BMGS, 2005, S. 17).

---

[26] Siehe hierzu Kapitel 2.3.4 „Wegfall der Rentenvoraussetzungen".

Vergleichbares Einkommen

Zu versicherbaren Einkommen zählen Entschädigungen für Abgeordnete oder Bezüge aus einem öffentlich-rechtlichen Amtsverhältnis[27]. Seit dem 01.01.2003 ist das vergleichbare Einkommen als Hinzuverdienst zu berücksichtigen. Für Bestandsrentner gilt aus Vertrauensgründen folgende Regelung: Bisher bezogenes vergleichbares Einkommen wird bis zum 31.12.2007 weiterhin als nicht rentenschädliches Einkommen berücksichtigt (vgl. Informationsmaterial 5 der BfA, 2003, S. 13; vgl. Informationsmaterial BMGS, 2005, S. 17).

Sozialleistungen

Als Hinzuverdienst wird nicht die Sozialleistung, sondern das der Sozialleistung zugrunde liegende Arbeitsentgelt bzw. Arbeitseinkommen berücksichtigt. Bei der Rente wegen teilweiser EM zählen neben dem Arbeitsentgelt bzw. Arbeitseinkommen auch die folgenden Sozialleistungen als Hinzuverdienst: Krankengeld, Übergangsgeld und Mutterschaftsgeld[28]. Bei dem Bezug einer Rente wegen voller EM zählen neben dem Arbeitsentgelt bzw. Arbeitseinkommen oder vergleichbarem Einkommen ebenfalls Sozialleistungen als Hinzuverdienst. Dies sind: das Verletztengeld und Übergangsgeld der gesetzlichen Unfallversicherung sowie Sozialleistungen von einer ausländischen Stelle (vgl. Informationsmaterial 5 der BfA, 2003, S. 13-15; vgl. Informationsmaterial BMGS, 2005, S. 17).

2.3.3.2. Rentenunschädliche Einkünfte

Es gibt Einkünfte, die nicht unter die Hinzuverdienstregelungen fallen. Hierzu zählen: Renten aus der gesetzlichen Rentenversicherung, Betriebsrenten und beamtenrechtliche Pensionen. Weiterhin gelten als rentenunschädlich Einkünfte aus einer Erwerbstätigkeit vor Rentenbeginn, Einkünfte aus Vermietung und Verpachtung (soweit sie nicht Teile des Gewinns aus selbständiger Tätigkeit sind) und Einkünfte aus Vermögen (vgl. Informationsmaterial 5 der BfA, 2003, S. 15; vgl. Informationsmaterial BMGS, 2005, S. 18).

---

[27] Dazu zählen z. B. Minister, Senatoren oder parlamentarische Staatssekretäre (vgl. Informationsmaterial 5 der BfA, 2003, S. 13).

[28] Darüber hinaus gehören Versorgungskrankengeld, Verletztengeld, Unterhaltsgeld, Kurzarbeitergeld und Arbeitslosengeld, Winterausfallgeld, Insolvenzgeld, vergleichbare Leistungen und Sozialleistungen von einer ausländischen Stelle dazu. Auf die einzelnen Sozialleistungen soll hier nicht näher eingegangen werden (vgl. Informationsmaterial 5 der BfA, 2003, S. 14).

2.3.3.3. Berechnung der Hinzuverdienstgrenzen

Der Rentenempfänger darf nur im begrenzten Umfang hinzuverdienen. Zur Ermittlung, inwieweit sich der Hinzuverdienst auf die Rentenzahlung auswirkt, müssen alle Einkünfte zusammengerechnet werden. Erst dann kann entschieden werden, ob die Rente in voller oder anteiliger Höhe gezahlt wird. Die Höhe der Teilrenten ist festgelegt. Es ist zu empfehlen, die Hinzuverdienstgrenzen für jeden Rentenbezieher grundsätzlich individuell zu ermitteln. Die jeweilige Höhe wird von einem Mitarbeiter der zuständigen Behörde berechnet. (vgl. Informationsmaterial 5 der BfA, 2003, S. 15 f; vgl. Informationsmaterial Hinzuverdienst der BfA, 2004, S. 4). Zur Orientierung des Versicherten gibt es allgemeine Hinzuverdienstgrenzen. Die Abbildung 6 zeigt für die jeweilige Rentenart den möglichen Hinzuverdienst und den Rentenabzug bei Überschreiten der Hinzuverdienstgrenze.

Abbildung 6: Allgemeine Hinzuverdienstgrenzen

Rente wegen voller Erwerbsminderung		
Hinzuverdienst		**Rentenabzug**
West	Ost	
bis 345,00 €	bis 345,00 €	Kein Rentenabzug
bis 611,44 €	bis 537,50 €	Rentenabzug: 25 %
bis 811,34 €	bis 713,22 €	Rentenabzug: 50 %
bis 1.011,23 €	bis 888,94 €	Rentenabzug: 75 %

Rente wegen teilweiser Erwerbsminderung		
Hinzuverdienst		**Rentenabzug**
West	Ost	
bis 811,34 €	bis 713,22 €	Kein Rentenabzug
bis 1.011,23 €	bis 888,94 €	Rentenabzug: 50 %

Berufsunfähigkeitsrente		
Hinzuverdienst		**Rentenabzug**
West	Ost	
bis 685,91 €	bis 602,96 €	Kein Rentenabzug
bis 914,55 €	bis 803,95 €	Rentenabzug: 33 %
bis 1.143,19 €	bis 1.004,94 €	Rentenabzug: 67 %

Erwerbsunfähigkeitsrente		
Hinzuverdienst		**Rentenabzug**
West	Ost	
bis 345,00 €*	bis 345,00 €*	Kein Rentenabzug

* Bei Überschreiten dieser Grenze wird die Rente in Höhe der um ein Drittel niedrigeren Rente wegen BU (unter Beachtung dieser für diese Rente geltenden Hinzuverdienstgrenzen) gezahlt.

(Quelle: Nach Informationsmaterial BMGS, 2005, S. 21, 25.)

Die individuelle Grenze erlaubt einen höheren Hinzuverdienst. Diese wird in Abhängigkeit vom versicherten Entgelt im letzten Kalenderjahr (bis 31.12.2000 gültiges Recht) bzw. der letzten drei Kalenderjahre (seit 01.01.2001 gültiges Recht) vor Eintritt der EM berechnet (vgl. Informationsmaterial BMGS, 2005, S. 21, 25).[29] Die individuelle Hinzuverdienstgrenze wird wie folgt berechnet (vgl. Informationsmaterial 5 der BfA, 2003, S. 15 f; vgl. Informationsmaterial Hinzuverdienst der BfA, 2004, S. 4).

Abbildung 7: Formel zur Berechnung der individuellen Hinzuverdienstgrenze

> Hinzuverdienstfaktor x aktueller Rentenwert x Entgeltpunkte
>
> **= individuelle Hinzuverdienstgrenze**
>
> bzw.
>
> Hinzuverdienstfaktor x aktueller Rentenwert (Ost) x Entgeltpunkte
>
> **= individuelle Hinzuverdienstgrenze (Ost)**

Die Faktoren aktueller Rentenwert bzw. aktueller Rentenwert (Ost) und Entgeltpunkte wurden im Kapitel 2.3.2 vorgestellt. An dieser Stelle wird der Hinzuverdienstfaktor erklärt. Er ist bei jeder Rentenart verschieden und in Abbildung 8 anschaulich dargestellt.

---

[29] Siehe hierzu auch Kapitel 7.3. „Beispiele für individuelle Hinzuverdienstgrenzen".

Abbildung 8: Rentenhöhen und Hinzuverdienstfaktoren

Rente wegen voller Erwerbsminderung	
Rentenhöhe	**Hinzuverdienstfaktor**
Rentenhöhe von drei Vierteln	15,6-fache
hälftige Rentenhöhe	20,7-fache
Rentenhöhe von einem Viertel	25,8-fache

Rente wegen teilweiser Erwerbsminderung	
Rentenhöhe	**Hinzuverdienstfaktor**
volle Rentenhöhe	20,7-fache
hälftige Rentenhöhe	25,8-fache

Berufsunfähigkeitsrente	
Rentenhöhe	**Hinzuverdienstfaktor**
Vollrente	52,5-fache
Rentenhöhe von zwei Drittel	70-fache
Rentenhöhe von einem Drittel	87,5-fache

Von Beziehern der Rente wegen teilweiser EM wird im Rahmen der verbliebenen Erwerbsfähigkeit erwartet, dass sie eine Erwerbstätigkeit aufnehmen. Die gezahlte Rente ist halb so hoch wie die wegen voller EM. Ungeachtet der erwarteten Erwerbstätigkeit müssen die Hinzuverdienstgrenzen eingehalten werden. Die Überschreitung aller Hinzuverdienstgrenzen führt dazu, dass der Rentenanspruch nur dem Grunde nach bestehen bleibt. D. h. es erfolgt keine Rentenzahlung. Das gleiche gilt für Bezieher einer Rente wegen teilweiser EM bei BU (vgl. Informationsmaterial 5 der BfA, 2003, S. 11 f.).

In einem begrenzten Umfang dürfen Bezieher der Rente wegen voller EM hinzuverdienen. Die Rente variiert in Abhängigkeit des Hinzuverdienstes. Sie kann in voller Höhe, in Höhe von drei Vierteln, in halber Höhe oder zu einem Viertel gezahlt werden. Ebenso wie bei der Rente wegen teilweiser EM kann der Rentenanspruch bei Überschreitung aller Grenzen nur dem Grunde nach bestehen bleiben. Damit die Rente wegen voller EM in voller Höhe erhalten bleibt, gibt es die bundeseinheitliche Hinzuverdienstgrenze von 345,00 €[30] brutto monatlich (vgl. Informationsmaterial Tipps für Rentner der BfA, 2004, S. 21; vgl. Informationsmaterial 5 des VDR, 2004, S. 25; vgl. Informationsmaterial 5 der BfA, 2003, S. 12).

---

[30] Diese Hinzuverdienstgrenze gilt seit 2004 (vgl. Informationsmaterial Tipps für Rentner der BfA, 2004, S. 21).

Bei einer Rente wegen BU, deren Anspruch vor den 01.01.2001 erworben wurde, kann die Ausübung einer zumutbaren Halb- oder Ganztagsbeschäftigung zum Wegfall der Rentenvoraussetzungen führen. Steht die berufliche Tätigkeit nicht dem Rentenanspruch entgegen, gelten obige Hinzuverdienstfaktoren (vgl. Informationsmaterial Hinzuverdienst der BfA, 2004, S. 6 f.; vgl. Informationsmaterial 5 des VDR, 2004, S. 19 f.).

Ebenso wie bei der Rente wegen BU haben Empfänger der Rente wegen EU den Anspruch schon vor dem 01.01.2001 erworben. In diesem Fall kann die Ausübung einer Tätigkeit zum Wegfall der Rentenvoraussetzungen führen. Besteht trotz der Berufstätigkeit weiterhin ein Rentenanspruch, liegt die Hinzuverdienstgrenze bei monatlich 345,00 €. Übersteigt der Hinzuverdienst diese Grenze, verringert sich die Rentenzahlung auf die niedrigere BUR. Abhängig vom Hinzuverdienst wird die Voll- oder Teilrente gezahlt (vgl. Informationsmaterial Hinzuverdienst der BfA, 2004, S. 8).

Bei freiwillig versicherten Personen richtet sich die individuelle Hinzuverdienstgrenze nach der Höhe der Beiträge. Daraus folgt, umso höhere freiwillige Beiträge gezahlt wurden, desto größer sind die Hinzuverdienstmöglichkeiten (vgl. Informationsmaterial 5 der BfA, 2003, S. 16).

Mit Hilfe der Abbildung 7 lassen sich die monatlichen Hinzuverdienstgrenzen berechnen. Wird der Hinzuverdienst in einem Teilmonat erzielt, muss die entsprechende anteilige Hinzuverdienstgrenze berechnet werden. Dazu wird die monatliche Hinzuverdienstgrenze durch 30 dividiert. Dieser Wert wird im Anschluss um die Anzahl der zu berücksichtigten Arbeitstage vervielfacht (vgl. Informationsmaterial 5 der BfA, 2003, S. 16, 19).

2.3.3.4. Möglichkeiten des Überschreitens der Hinzuverdienstgrenzen

Während eines Kalenderjahres dürfen die Hinzuverdienstgrenzen für die Rente wegen teilweiser bzw. voller EM zweimal überschritten werden. Das Überschreiten darf nur bis zur doppelten Hinzuverdienstgrenze erfolgen und muss sich auf Sonderzahlungen wie Urlaubs- oder Weihnachtsgeld beziehen. Ein Überschreiten der zulässigen Hinzuverdienstgrenze darüber hinaus bedeutet nicht, dass der Anspruch auf die Rente wegen EM verloren geht. Deshalb wird die Einhaltung einer möglichen höheren Hinzuverdienstgrenze geprüft. In diesem Fall reduziert sich die Rentenzahlung. Somit ist jederzeit ein Wechsel zwischen der vollen und anteiligen Rentenzahlung in Abhängigkeit des tatsächlichen Hinzuverdienstes möglich. Überschreitet ein Versicherter die höchste Hinzuverdienstgrenze, wird die Rentenzahlung eingestellt. Die Zahlung der veränderten Rentenhöhe erfolgt ab dem Zeitpunkt des Bezuges des höheren bzw. niedrigeren Einkommens. Dabei ist folgendes zu beachten: Überschreitet der Hinzuverdienst eine Grenze, wird ohne Antrag eine mögliche Teilrente gezahlt. Reduziert sich später dieser Hinzuverdienst, muss die höhere Leistung innerhalb von drei Monaten beantragt werden (vgl. Informationsmaterial 5 der BfA, 2003, S. 20 f.; vgl. Informationsmaterial Hinzuverdienst der BfA, 2004, S. 4 f.; vgl. Zechiel, 2001, S. 33).

2.3.4. Wegfall der Rentenvoraussetzungen

Der Rentenbewilligungsbescheid wird aufgehoben, wenn sich der Gesundheitszustand des Versicherten gebessert hat. Gleichzeitig erfolgt die Einstellung der Rentenzahlung. Damit es zu keinem Entzug der Rente führt, sollte der Rentenbezieher jede Aufnahme einer Beschäftigung der verantwortlichen Behörde melden. Für die unterschiedlichen Rentenarten sind die jeweiligen Voraussetzungen zu prüfen (vgl. Informationsmaterial 5 der BfA, 2003, S. 22, 27).

Rente wegen teilweiser Erwerbsminderung

Kann der Versicherte auf dem allgemeinen Arbeitsmarkt mindestens sechs Stunden täglich arbeiten, liegt keine EM mehr vor (vgl. Informationsmaterial 5 der BfA, 2003, S. 22).

Rente wegen teilweiser Erwerbsminderung bei Berufsunfähigkeit

Bei vor dem 02.01.1961 geborenen Versicherten muss geprüft werden, ob weiterhin BU vorliegt. Kann der Versicherte mindestens sechs Stunden täglich in seinen bisherigen Beruf oder einer zumutbaren Verweisungstätigkeit arbeiten, liegt keine BU vor (vgl. Informationsmaterial 5 der BfA, 2003, S. 22).

Rente wegen voller Erwerbsminderung

Bei der Rente wegen voller EM muss geprüft werden, inwieweit sich der Gesundheitszustand des Versicherten gebessert hat und ihm der Arbeitsmarkt wieder offen steht. Sobald der Versicherte täglich mindestens sechs Stunden einer Arbeit nachgehen kann, liegt keine EM mehr vor. Verfügt ein Versicherter über ein Leistungsvermögen zwischen drei und sechs Stunden täglich und hat er Zugang zum allgemeinen Arbeitsmarkt, wird in diesem Fall die Rente wegen teilweiser EM bzw. die Rente wegen teilweiser EM bei BU gewährt (vgl. Informationsmaterial 5 der BfA, 2003, S. 22).

Rente wegen Berufsunfähigkeit

Die Zahlung einer Rente wegen BU wird eingestellt, wenn der Versicherte mindestens die halbe tarifliche Arbeitszeit in seinem bisherigen Beruf oder einer zumutbaren Verweisungstätigkeit arbeiten kann. Darüber hinaus darf das Einkommen nicht weniger als die Hälfte des früheren Verdienstes bzw. des Verdienstes eines vergleichbaren Versicherten sein. Hat der Versicherte an einer Ausbildungs- bzw. Umschulungsmaßnahme teilgenommen, liegt nach dem erfolgreichen Abschluss keine BU mehr vor (vgl. Informationsmaterial 5 der BfA, 2003, S. 26).

Rente wegen Erwerbsunfähigkeit

Die Rente wegen EU ist aufzuheben, wenn 1. sich der Gesundheitszustand so weit verbessert hat, dass keine EU mehr vorliegt, 2. die EU nur aufgrund des verschlossenen Arbeitsmarktes bewilligt wurde und dieser wieder offen ist oder 3. der Versicherte eine selbständige Tätigkeit aufnimmt. In diesen Fällen kann weiterhin eine BU vorliegen und der Versicherte erhält die Rente wegen BU. Fällt die Rente wegen der Aufnahme einer selbständigen Tätigkeit weg, kann ein Anspruch auf Rente wegen voller EM bestehen (vgl. Informationsmaterial 5 der BfA, 2003, S. 27).

2.4. Lücken der staatlichen Erwerbsminderungsrente

Aufgrund von kleinen Gesetzesänderungen in den Formeln zur Berechnung der Rente reduzierten sich die Rentenansprüche im Laufe der Jahre immer weiter. Dadurch vergrößerte sich die Lücke zwischen Einkommen und Rente. Das verdeutlichen die Beispiele Zurechnungszeiten und Rentenartfaktoren. In den letzten Jahren wurden die Zurechnungszeiten dahingehend verändert, dass zum Teil Zeiten der Ausbildung (z. B. Studium) nicht mehr anrechenbar sind. Ein Grund dafür ist, dass ein Absolvent nach seinem Studium höhere Bezüge erhält als Versicherte ohne Studium. Demzufolge kann er auf diese Zurechnungszeiten verzichten. Ein Vergleich der Rentenartfaktoren der BUR und der halben EMR zeigt daneben sehr deutlich die Reduzierung. Bei Versicherten, die eine BUR erhalten, wurde zur Berechnung der Rentenartfaktor von 0,667 benutzt. Bei der halben EMR beträgt der Faktor hingegen 0,5. Der gleiche Faktor gilt ebenso bei der halben EMR bei BU. Diese geringe Änderung in der Berechnung hat bei gleichen Entgeltpunkten zur Folge, dass der Versicherte, der Anspruch auf die halbe EMR hat, ca. 25 % weniger Rente erhält als ein Versicherter der seinen Rentenanspruch vor 2001 erworben hat. Darüber hinaus hat sich der Zugangsfaktor für die Rente verändert, d. h. bei einem frühzeitigen Anspruch reduziert ein Abschlag die Rentenhöhe (vgl. Löschau, 2001, S. 85; vgl. Wollschläger, 2001, S. 283).

Tabelle 4: Beispiele für Versorgungslücken

Nettoein-kommen	volle EM-Rente	Anteil der Rente am Einkommen	Versorgungs-lücke	halbe EM-Rente	Anteil der Rente am Einkommen	Versorgungs-lücke
4.000 €	1.500 €	37,5 %	2.500 €	750 €	18,75 %	3.250 €
3.000 €	1.500 €	50 %	1.500 €	750 €	25 %	2.250 €
2.000 €	1.300 €	65 %	700 €	650 €	32,5 %	1.350 €
1.000 €	600 €	60 %	400 €	300 €	30 %	700 €

Anmerkung: Die Spitzenverdiener mit 3.000 bzw. 4.000 € Nettoeinkommen bekommen eine gleich hohe Erwerbsminderungsrente. Beide liegen oberhalb der so genannten Beitragsbemessungsgrenze in der gesetzlichen Rentenversicherung und zahlen somit gleich viel in die Rentenversicherung ein.

(Quelle: In Anlehnung an Balodis, S. 51.)

Die obige Tabelle zeigt beispielhaft, wie groß die Versorgungslücke im Falle einer EM ist. Dazu werden folgende Daten unterstellt:

- es handelt sich um einen 30-jährigen ledigen Versicherten,
- der ein gleichmäßiges Einkommen (in angegebener Höhe) erreicht hat und
- eine volle oder halbe EMR erhält (vgl. Balodis, 2003, S. 51).

Bei der Betrachtung der Tabelle muss folgendes beachtet werden: In die Rentenberechnung wird das gesamte Arbeitsleben des Versicherten einbezogen. In der Regel schwankt innerhalb des gesamten Arbeitslebens die Einkommenshöhe, so dass dieser gleichmäßige Einkommensverlauf nicht unterstellt werden kann. Darüber hinaus verdeutlicht die Tabelle und zeigen Praxiserfahrungen, dass die Rente maximal 60 bis 65 % des Einkommens beträgt. Zum Teil liegt die Rentenhöhe jedoch darunter, das verdeutlichen Prognosen von privaten Versicherungsunternehmen. Sie prognostizieren die Höhe der Rente wegen voller Erwerbsminderung auf 40 bis 42 % des Einkommens. Das deutet darauf hin, dass für die Prognose Versicherte, deren Einkommen über der Beitragsbemessungsgrundlage liegt, herangezogen wurden. Denn vor allem bei Versicherten, die über diese Einkommenshöhen verfügen, gibt es einen erheblichen Unterschied zwischen Rente und Einkommen. Dieser Unterschied dürfte in den folgenden Jahren noch ansteigen, wenn die Bundesregierung ihre Planungen einer langfristigen Absenkung des Rentenniveaus auf 43 % umsetzt. (vgl. Informationsmaterial Volksfürsorge, S. 2; vgl. Informationsmaterial AachenMünchener, S. 6; vgl. Deutscher Bundestag, 2000, S. 50; Deutscher Bundestag, 2004, S. 1).

Neben den finanziellen Lücken sehen Experten den Entscheidungsspielraum der unterschiedlichen Ärzte und Sachbearbeiter als Schwäche bei der Frage des Restleistungsvermögens und der Schwere der gesundheitlichen Beeinträchtigung an. D. h. verschiedene Ärzte diagnostizieren einen Gesundheitszustand unterschiedlich, vor allem in Bezug auf das mögliche Restleistungsvermögen des Versicherten. Diese unterschiedlichen Einschätzungen sorgen oft für Rechtsstreitigkeiten[31] (vgl. Joussen, 2002, S. 295; vgl. Rademacker, 2001, S. 76).

---

[31] Die Rechtsstreitigkeiten im Bezug auf die unterschiedlichen Deutungen des Gesundheitszustandes werden im Rahmen dieser Untersuchung nicht näher betrachtet.

3. Die private Berufsunfähigkeitsversicherung

In den bisherigen Ausführungen ist deutlich geworden, dass die Leistungen der gesetzlichen Rentenversicherung oft nicht ausreichen, um den gewohnten Lebensstandard nach dem Eintreten der BU aufrecht zu erhalten. Vor allem junge Menschen zu Beginn der Ausbildung haben noch keinen Anspruch auf die staatlichen Leistungen. In diesem Fall könnte eine private BU-Versicherung helfen. Bisher verfügen ca. 5 % der Erwerbstätigen über eine private BU-Versicherung, die im Leistungsfall eine BUR zahlt. Weitere 10 % der Erwerbstätigen besitzen eine Lebensversicherung, deren Beiträge im Fall der BU die Versicherungsgesellschaft übernimmt. Diese Absicherung allein ist unzureichend, denn die Versorgungslücke zwischen Einkommen und EMR wird nicht geschlossen.[32]

In der Bundesrepublik Deutschland dürfen nur Lebensversicherungsunternehmen die selbständigen BU-Versicherungen bzw. BUZen anbieten. Die BUZ ist immer an einen Lebensversicherungsvertrag gebunden. Diese Hauptversicherung kann eine Risikolebensversicherung, eine Kapitallebensversicherung oder eine Rentenversicherung sein. Bei einer selbständigen BU-Versicherung ist der Versicherungsschutz an keinen zusätzlichen Vertrag geknüpft (vgl. Richter, 1987, S. 11; vgl. Balodis, 2003, S. 52).

Die Voraussetzungen eines Versicherungsfalls sind bei beiden Arten gleich. Die Hauptversicherung beeinflusst jedoch den Beitrag (vgl. Richter, 1987, S. 11).

Es gibt vier unterschiedliche Versicherungsmöglichkeiten, die das Risiko der BU absichern:

o selbständige BU-Versicherung[33] (ohne Zusätze),

o BU-Versicherung kombiniert mit einer Risikolebensversicherung[34],

o BU-Versicherung kombiniert mit einer Kapitallebensversicherung[35] und

---

[32] Vgl. www.netzeitung.de/wirtschaft/ratgeber/303062.html, vom 01.11.2004; vgl. Stumpf/ Mlodzik, 2003, S. 22; vgl. www.managermagazin.de/geld /geldanlage/ 0,2828,311475,00.html, vom 26.10.2004.

[33] Die Zahlung der Berufsunfähigkeitsrente ist der Gegenstand der selbständigen BU-Versicherung. Sie ist empfehlenswert für Personen, die keine Familie absichern möchten oder brauchen. Nur das Risiko der BU ist versichert (vgl. Balodis, 2003, S. 54; vgl. Geuking, 1998, S. 5).

[34] Die Kombination der BU-Versicherung mit einer Risikolebensversicherung gilt als Standardprodukt. Sie ist für alle Personen mit Familien besonders empfehlenswert, denn zwei existenzielle Risiken (Tod und Invalidität) werden gleichzeitig abgesichert (vgl. Balodis, 2003, S. 54).

- BU-Versicherung kombiniert mit einer Rentenversicherung[36] (vgl. Stumpf/Mlodzik, 2003, S. 23).

3.1. Die Entstehung der Berufsunfähigkeitsversicherung im Privatversicherungsrecht

Seit 1871[37] waren die abhängig Beschäftigten durch eine vom Arbeitgeber abgeschlossene Unfallversicherung bei Verletzung oder Tötung versichert. Dieser erste Schutz bei Betriebsunfällen bewährte sich jedoch nicht und wurde mit Einführung der Sozialversicherungsgesetze 1891 bzw. 1913[38] nicht weiter fortgeführt. Diese Sozialversicherungsgesetze stellten für einen großen Teil der Arbeiter und Angestellten eine öffentlich-rechtliche Zwangsversicherung dar. Sie leisteten einen Lohnausgleich bei Krankheit, Arbeitsunfall, EU und Alter. Private Versicherungsunternehmen nahmen das Sozialversicherungssystem als Anreiz, eine Versicherung für den Fall der Invalidität zu schaffen. Diese Versicherung sollte als Zusatzversicherung an einen Lebensversicherungsvertrag gekoppelt wer-

---

[35] Viele Versicherungsexperten beurteilen die Kombination von BU-Versicherung und Kapitallebensversicherung als nicht empfehlenswert. Denn dieser Vertrag ist eine Kombination aus BU-Versicherung, Risikolebensversicherung und Sparvertrag. Wobei der Kunde keine Informationen über den Verlauf des Sparvorgangs erhält. Die aktuelle Mindestverzinsung des Sparanteils liegt derzeit bei 2,75 %. Dieser Sparanteil in der Versicherung erhöht deutlich die zu zahlende Versicherungsprämie. Deshalb birgt dieses Produkt ein großes Risiko. Denn kann der Versicherungsnehmer die Prämie nicht mehr aufbringen, ist er gezwungen den Vertrag zu kündigen oder beitragsfrei zu stellen. In beiden Fällen ist der Versicherte dann ohne Versicherungsschutz. Eine neue, günstigere Versicherung bekommt er aufgrund des fortgeschrittenen Alters und der möglicherweise eingetretenen Erkrankungen nicht mehr (vgl. Balodis, 2003, S. 54 f.).

[36] Die private Rentenversicherung ist eine Art Lebensversicherung mit dem Unterschied, dass kein Todesfallschutz enthalten ist. Der fehlende Todesfallschutz macht das Produkt deshalb preiswerter als eine Kapitallebensversicherung. Zu empfehlen ist die Kombination der BU-Versicherung und Rentenversicherung nur für Personen, die keine Angehörigen absichern möchten oder brauchen. Die Kombination einer BU-Versicherung mit einer Kapitallebens- oder Rentenversicherung kann für Selbständige empfehlenswert sein, denn sie haben oft keine Ansprüche aus der gesetzlichen Rentenversicherung und können die Versicherungsprämien im Rahmen der Sonderausgaben steuerlich geltend machen (vgl. Balodis, 2003, S. 56 f.).

[37] Zum 07.06.1871 wurde das Gesetz betreffend der Verbindlichkeit zum Schadensersatz für die bei dem Betrieb von Eisenbahnen, Bergwerken, Fabriken, Steinbrüchen und Gräbereien herbeigeführten Tötungen und Verletzungen eingeführt (vgl. Richter, 1987, S. 24).

[38] Siehe hierzu näher Kapitel 2.1 „Die Entwicklung der Renten...".

den. Die Zielgruppe dieser Versicherung waren die Personen, die nicht der Zwangsversicherung unterlagen. Dazu gehörten hauptsächlich wirtschaftlich und sozial höher gestellte Personen, die die hohen Beiträge für die Versicherung aufbringen konnten (vgl. Richter, 1987, S. 23 f.).

Die geschaffene Invaliditäts-Zusatzversicherung wurde 1880 von einem einzigen deutschen Lebensversicherer angeboten und 25 Jahre später verfügten ca. zwei Drittel aller deutschen Versicherungsgesellschaften über dieses Produkt. Die Entwicklung der Versicherungsbedingungen war sehr unterschiedlich. Um dieser Entwicklung entgegen zu wirken, veröffentlichte das Reichsversicherungsamt 1936 Musterbedingungen für die Invaliditätsversicherung. Im § 2 Abs. 1 der Musterbedingungen war die Definition der Invalidität[39] verankert. Ungeachtet der Musterbedingungen bemühten sich die Versicherungsunternehmen nicht, die Versicherungsbedingungen schnellstmöglich zu harmonisieren (vgl. Richter, 1987, S. 24; vgl. Geuking, 1998, S. 3).

Das Bundesaufsichtsamt für das Versicherungswesen veröffentlichte 1964 neue Musterbedingungen. In diesen wurde der Begriff „Invalidität[40]" durch den Begriff „BU" ersetzt. Gleichzeitig wurde das Produkt in BUZ umbenannt. Die Neufassung der Musterbedingungen verfolgte darüber hinaus das Ziel, den Versicherungszweig der Invaliditätsversicherung den übrigen Personenversicherungen rechtlich anzupassen. Weiterhin wurde der Vorfall des Versicherungsfall an die staatlichen Richtlinien (§ 1246 Abs. 2 RVO/§ 23 Abs. 2 AVG) angepasst. Die Neufassung der Musterbedingungen der BUZ von 1975 enthielt erstmalig die Definition der BU[41] (vgl. Richter, 1987, S. 24 f.; vgl. Geuking, 1998, S. 3).

Der von der Aufsichtsbehörde entwickelte und angewandte Grundsatz der Markttransparenz führte zur weitgehenden Übereinstimmung des Begriffes der BU bei allen Versicherungsunternehmen (vgl. Richter, 1987, S. 25 f.).

---

[39] Invalidität liegt vor, „wenn der Versicherte durch ärztlich nachweisbare Krankheit, Körperverletzung oder Kräfteverfall außerstande war, seinen Beruf oder eine andere Tätigkeit, die ähnliche Ausbildung und gleichwertige Kenntnisse und Fähigkeiten voraussetzt, auszuüben" (Richter, 1987, S. 24).
[40] Seit diesem Zeitpunkt wird der Begriff „Invalidität" hauptsächlich in der privaten Unfallversicherung benutzt (vgl. Richter, 1987, S. 25).
[41] Im § 2 Ziff. 1 MuBUZ steht: „Vollständige BU liegt vor, wenn der Versicherte infolge Krankheit, Körperverletzung oder Kräfteverfalls, die ärztlich nachzuweisen sind, auf nicht absehbare Zeit nicht imstande ist, seinen Beruf oder eine ähnliche Tätigkeit auszuüben, die seiner Ausbildung entspricht und gleichwertige Fähigkeiten und Kenntnisse voraussetzt" (Richter, 1987, S. 25).

Zu Beginn der 8oer Jahre wurde die selbständige BU-Versicherung eingeführt. Die Voraussetzungen des Versicherungsfall stimmen bei beiden Arten im Wesentlichen überein (vgl. Richter, 1987, S. 26).

Einen großen Anteil der Versicherungsnehmer in der privaten BU-Versicherung stellen Akademiker und Freiberufler. Das zeigt, dass die ursprüngliche Zielsetzung der Einführung der BU-Versicherung noch besteht. Denn gerade diese Personengruppen werden von der gesetzlichen Rentenversicherung nicht erfasst. In der gesetzlichen Rentenversicherung besteht für sie die Möglichkeit der freiwilligen Versicherung. Darüber hinaus gab es ebenfalls in anderen Berufsfeldern Steigerungen bei den Versicherungsverträgen. Der Grund hierfür sind die gestiegenen Löhne und Gehälter der Angestellten. Erst dadurch ist dieser Versicherungsvertrag bezahlbar geworden. Der gestiegene Lebensstandard hat das Interesse an der individuellen Vorsorge und den Wunsch nach einer Absicherung über die staatlichen Leistungen hinaus erhöht (vgl. Richter, 1987, S. 26).

3.2. Die Antragstellung

In der Regel bieten alle Versicherungsunternehmen, die auf dem deutschen Markt vertreten sind, BU-Versicherungen an. Deshalb ist das Vergleichen der unterschiedlichen Angebote wichtig. Dabei sollte die persönliche Situation und der gewünschte Leistungsumfang des Versicherten beachtet werden. Diese Faktoren bestimmen den Preis der privaten Vorsorge für den Fall der BU (vgl. Meyer, 2000, S. 293 f.; vgl. Stumpf/Mlodzik, 2003, S. 26).

Um die jeweilige persönliche Situation genau bewerten zu können, sind folgende drei Schritte zu empfehlen. Im ersten Schritt sollte der Interessent einer BU-Versicherung seine persönlichen Merkmale erkennen und beurteilen. Im zweiten Schritt erfolgt die Gestaltung des gewünschten Vertrages. Im dritten Schritt werden die Versicherungsbedingungen betrachtet.[42]

3.2.1. Der erste Schritt: Persönliche Merkmale erkennen

Zu den persönlichen Merkmalen gehören Alter, Beruf, Hobbys und Erkrankungen des Versicherten. Diese Merkmale lassen sich kurzfristig nicht ändern, aber sie bestimmen die Strategie bei der Antragstellung einer BU-Versicherung (vgl. Balodis, 2003, S. 44).

---

[42] Vgl. www.vz-nrw.de/UNIQ109827779507699288/doc8987A.html, vom 27.10.2004; vgl. Balodis, 2003, S. 43.

3.2.1.1. Das Eintrittsalter

Prinzipiell ist festzustellen, je jünger eine versicherte Person ist, desto günstiger ist die Versicherungsprämie. Das ist darin begründet, dass das Risiko berufsunfähig zu werden mit dem Alter progressiv zunimmt. Das zeigt sich dadurch, dass die Versicherungsprämien bei älteren Versicherten deutlich höher sind oder der Versicherungsschutz gänzlich abgelehnt wird (vgl. Stumpf/Mlodzik, 2003, S. 27; vgl. Balodis, 2003, S. 44 f.).

3.2.1.2. Der Beruf

Der Versicherungsschutz ist bei risikoreichen Berufen teurer als bei risikoarmen Berufen. Zur Vereinfachung bildeten die Versicherungsgesellschaften Berufsgruppen für die unterschiedlichen Berufe mit ihren Gefahrenstufen. Die Gruppierungen unterscheiden sich zwischen den Gesellschaften. Deshalb können versicherte Personen je nach Ausprägung der körperlichen oder leitenden Tätigkeiten in die nächst höhere bzw. niedrigere Berufsgruppe eingeordnet werden. Das wiederum hat Auswirkungen auf die Versicherungsprämie (vgl. Stumpf/Mlodzik, 2003, S. 28 f.; vgl. Balodis, 2003, S. 45 f.). Die niedrigsten Versicherungsprämien zahlen Personen der Berufsgruppe 1. In dieser Gruppe sind die risikoärmsten Berufe versammelt. Die mittleren und erhöhten Risiken sind in den Berufsgruppen 2 und 3 einsortiert. Zum Teil erheben die Versicherungsgesellschaften Risikozuschläge ab der Berufsgruppe 3. Die höchsten Versicherungsprämien zahlen Personen von Risikoberufen, die in der Berufsgruppe 4 versammelt sind (vgl. Balodis, 2003, S. 46). Die Tabelle 5 zeigt einige Beispiele für die unterschiedlichen Berufsgruppen.

Aufgrund dieser Einteilung in Berufsgruppen ist es für körperlich tätige Personen günstiger, eine Versicherungsgesellschaft, die keine bzw. nur eine grobe Unterteilung der Berufsgruppen vornimmt, zu wählen. Bei diesen Gesellschaften werden weniger riskante Berufe mit riskanten Berufen zusammen kalkuliert. Deshalb kann die Versicherungsprämie geringer sein als bei Gesellschaften, die eine hohe Differenzierung zwischen den Berufen vornehmen. Für Akademiker hingegen ist es besser, eine Versicherungsgesellschaft mit einer hohen Differenzierung zwischen den Berufen zu wählen. Diese bieten für das geringe Berufsrisiko besonders gute Versicherungsprämien an (vgl. Balodis, 2003, S. 46).

Tabelle 5: Beispiele für unterschiedliche Berufsgruppen

Berufsgruppe	Beispiele
Berufsgruppe 1 (Berufe mit geringem Risiko, d. h. nicht körperlich tätig)	Akademiker in der Verwaltung, Rechtsanwälte, Notare, Architekten, Ärzte
Berufsgruppe 2 (Berufe mit mittlerem Risiko)	kaufmännische Angestellte, Heilpraktiker, Sekretärinnen, Zahntechniker
Berufsgruppe 3 (Berufe mit erhöhtem Risiko)	Bäcker, Dachdecker, Elektriker, Schlosser, Koch, Kfz-Mechaniker
Berufsgruppe 4 (Berufe mit hohem Risiko)	Abbrucharbeiter, Gastwirte, Kellner, Reinigungspersonal, Waldarbeiter

3.2.1.3. Der Gesundheitszustand

Die Versicherungsgesellschaft kalkuliert ihre Beiträge auf der Basis völlig gesunder Menschen. Sobald gesundheitliche Risiken oder Einschränkungen vorhanden sind, führt dies zu Beitragszuschlägen, Ausschlüssen von Erkrankungen oder Ablehnung des Antrages[43]. Deshalb sind sämtliche Krankheiten und Behandlungen im Antrag anzugeben. Hierbei sollte größte Sorgfalt gelten, denn das Verschweigen von Krankheiten oder Behandlungen gilt als vorvertragliche Anzeigepflichtverletzung. In diesem Fall kann die Versicherung wegen arglistiger Täuschung vom Vertrag zurücktreten und der Versicherungsnehmer verliert seinen Versicherungsschutz. Insbesondere im Leistungsfall prüft die Versicherung, ob vom Versicherten alle Vorerkrankungen im Antrag angegeben wurden. Die tatsächliche oder vermeintliche Unterlassung der Angabe von Krankheiten oder Behandlungen sind der häufigste Streitpunkt zwischen dem Versicherten und der Versicherungsgesellschaft. Aus diesem Grund sollten im Antrag alle Angaben vollständig und gewissenhaft ausgefüllt werden, damit spätere Streitigkeiten vermieden werden können (vgl. Stumpf/Mlodzik, 2003, S. 28; vgl. Balodis, 2003, S. 48 f.).

3.2.1.4. Hobbys

Zu den persönlichen Merkmalen zählen die persönlichen Hobbys der versicherten Person. Dabei kann die Ausübung gefährlicher Hobbys (z. B. Bergsteigen, Tauchen, Drachenfliegen) entweder zu Zuschlägen oder zur Ablehnung des Vertrages führen. Im Gegensatz dazu werden gesunde

---

[43] Die in den Gesundheitsfragen verwendeten Betrachtungszeiträume werden hier nicht betrachtet.

Lebensweisen (z. B. Nichtraucher) zum Teil mit Beitragsrabatten belohnt (vgl. Stumpf/Mlodzik, 2003, S. 28; vgl. Balodis, 2003, S. 50).

Die Begutachtung der persönlichen Merkmale verdeutlicht, wie groß die Bemühungen sein müssen, einen guten Versicherungsvertrag zu bekommen. Deshalb sollten Personen mit ungünstigen persönlichen Merkmalen viele Probeanträge[44] stellen und nicht die günstigsten und somit übersorgfältigen Versicherungsgesellschaften wählen. Dort werden diese Personen mit hoher Wahrscheinlichkeit eine Ablehnung des Vertrages erhalten, mindestens aber einen hohen Beitragszuschlag. Die Ablehnung oder erschwerte Annahme des Vertrages wird von der Versicherungsgesellschaft an die Versicherer-Datenbank gemeldet. Hier können alle Versicherer Informationen abfragen und diese in die Risikobeurteilung mit einfließen lassen. Außerdem wird die Ablehnung oder erschwerte Annahme eines Probeantrages in der Versicherer-Datenbank beim Gesamtverband der Versicherungswirtschaft vermerkt (vgl. Balodis, 2003, S. 44).

3.2.2. Der zweite Schritt: Die optimale Gestaltung des Vertrags

Die persönlichen Merkmale Beruf und Hobby kann ein Interessent einer BU-Versicherung in der Regel kurzfristig nicht ändern. Die Vorerkrankungen und das Alter hingegen kann er überhaupt nicht verändern. Die Ausgestaltung des Vertrages mit den bestmöglichen Konditionen bei den gegebenen Voraussetzungen ist daher entscheidend. Vor diesem Hintergrund sollten die Vertragsbedingungen geklärt werden, die den persönlichen Bedarf des Interessenten decken (vgl. Balodis, 2003, S. 50 f.).

3.2.2.1. Die Höhe der vereinbarten Rente

Das vorhandene Nettoeinkommen sollte abgesichert werden, damit im Ernstfall keine Verluste eintreten. D. h. die vereinbarte Rentenhöhe sollte gleich dem Nettoeinkommen sein. Viele Versicherer verweigern jedoch die volle Absicherung des Nettoeinkommens, sondern gestatten lediglich

---

[44] In diesen Fällen den Vermittler bitten, einen anonymen Probeantrag bei der Gesellschaft zu stellen. Dadurch erfährt der Versicherte, wie sich seine ungünstigen persönlichen Merkmale auf den gewünschten Versicherungsschutz auswirken. Darüber hinaus riskiert er es nicht, auf Grund erschwerter Annahme oder Ablehnung des Antrages in die Versicherer-Datenbank aufgenommen zu werden. Hingegen kann er sich beim offiziellen Antrag nicht auf diese Aussagen berufen, sie dienen lediglich als Orientierungshilfe. Deshalb ist es besser, alle Probeanträge gleichzeitig zu verschicken, denn in diesem Fall kann der Aussage nicht widersprochen werden, dass noch nie ein Antrag abgelehnt oder zu erschwerten Bedingungen angenommen wurde (vgl. Balodis, 2003, S. 107).

die Absicherung von ⅔ oder ¾ des Nettoeinkommens. Bei schwerwiegenden Erkrankungen dürfte diese Absicherung für Arbeitnehmer ausreichen, denn sie haben in der Regel gleichzeitig Ansprüche aus der GRV (vgl. Balodis, 2003, S. 51; o. V., 2001 a, S. 11).

3.2.2.2. Selbständige Berufsunfähigkeitsversicherung oder Kombiprodukt

Bei der Wahl der Form der BU-Versicherung ist zu beachten, dass die Kombination mit einer Kapitallebensversicherung oder Rentenversicherung bis zum Zehnfachen höhere Beiträge erfordern als die Kombination mit einer Risikolebensversicherung oder der selbständigen BU-Versicherung. Dieser Unterschied wird von den Versicherern damit begründet, dass zwei wichtige Risiken (EM und Alter) in einem Vertrag abgesichert werden. Diese Kombination führt zur Verteuerung und zur Unflexibilität des Vertrages. Aus diesem Grund empfehlen Verbraucherschützer den Abschluss einer selbständigen BU-Versicherung oder die Kombination mit einer Risikolebensversicherung[45] (vgl. Meyer, 2000, S. 293 f.; vgl. Meyer, 1991, S. 164; vgl. Stumpf/Mlodzik, 2003, S. 23; vgl. Balodis, 2003, S. 32 f., 57; vgl. Schmidt-Kasparek, 2004, S. 87).

Mit der Einführung des Alterseinkünftegesetzes[46] 2005 ist die Kombination mit einer Rentenversicherung von Vorteil, wenn der Vertrag als Basisrente mit einer Berufsunfähigkeitszusatzversicherung abgeschlossen wird. Die Beiträge für die Zusatzversicherung können steuerlich geltend gemacht werden, wenn der Beitrag weniger als 50 % der Gesamtprämie ausmacht. Vor dem Abschluss dieser Vertragsalternative sollte von einem Spezialisten geprüft werden, ob ein individueller Steuervorteil existiert. Das hängt unter anderem vom Einkommen und ggf. bereits bestehenden Altersvorsorgeverträgen ab. Bei Verträgen in der privaten Altersvorsorge-Schicht wird dieser Steuervorteil nicht gewährt.

---

[45] Bei dieser Kombination muss die Höhe des Todesfallschutzes (Versicherungssumme der Risiko-Police) bestimmt werden. Viele Versicherer bieten eine Versicherungssumme von 50.000 € an, geringere Versicherungssummen sind möglich. Als Anhaltspunkt sollte die Versicherungssumme 62,5 % der versicherten Jahresrente bei BU nicht unterschreiten. Eine geringere Versicherungssumme zieht eine geringere Prämien nach sich. Dieser minimierte Todesfallschutz bedeutet für die Angehörigen keine ausreichende Absicherung im Todesfall (vgl. Balodis, 2003, S. 57).

[46] Für nähere Informationen siehe z. B. Broschüre vom Bundesministerium für Finanzen: Das Alterseinkünftegesetz; Berlin: 2005.

3.2.2.3. Dynamik oder Nachversicherungsgarantie

Damit die BUR aufgrund der Inflation und erreichten Karrierezielen nicht an Wert verliert, sollte darauf geachtet werden, dass eine Dynamik oder Nachversicherungsgarantie im Vertrag enthalten ist. Bei der automatischen Dynamik erhöht sich die Versicherung jährlich um 3 bis 5 %. Diese Erhöhung bedeutet gleichzeitig eine Erhöhung der Versicherungsprämie. Der Versicherte kann eine zu schnelle Steigerung der Versicherungsprämien verhindern, in dem er die Beitragserhöhungen ablehnt. Es muss darauf geachtet werden, dass der Versicherungsnehmer jede dritte Beitragserhöhung annimmt, um die Dynamik nicht zu stoppen. Experten empfehlen, dass zwischen dem 50. und 55. Lebensjahr die Dynamik im Vertrag genau überprüft und spätestens zum 55. Lebensjahr gestoppt wird. Darüber hinaus sollte sich die Dynamik ebenfalls auf den Leistungsfall erstrecken. Vor allem bei einem frühzeitigen Rentenbeginn hätte der Versicherte dann über Jahre hinweg eine gleich hohe Rente. Damit dieser Fall nicht eintritt, ermöglicht die Dynamik im Leistungsfall eine jährliche Rentenerhöhung von z. B. 3 % (vgl. Balodis, 2003, S. 58 f.; vgl. Stumpf/Mlodzik, 2003, S. 31).

Neben der Dynamisierung bieten die Versicherer auch Nachversicherungsgarantien an. D. h. der Versicherungsnehmer kann entscheiden, wann und in welcher Höhe der Versicherungsschutz steigen soll. Diese Möglichkeit beschränken einige Versicherer auf bestimmte Tatbestände wie z. B. Heirat, Geburt eines Kindes oder Jobwechsel. Versicherer die unabhängig von Ereignissen eine Anpassung gestatten, sind vorteilhafter für den Versicherungsnehmer. Im Rahmen dieser Nachversicherungsgarantien ist darauf zu achten, dass keine erneute Gesundheitsprüfung nach einer Anpassung stattfindet. Ansonsten könnten mögliche hinzugekommene Erkrankungen vom Versicherungsschutz ausgeschlossen werden (vgl. Balodis, 2003, S. 58 f.; vgl. Stumpf/Mlodzik, 2003, S. 31; vgl. o. V., 2003, S. 77).

3.2.2.4. Die Form der Überschussbeteiligung

Die Versicherungsgesellschaften kalkulieren ihre Produkte eher vorsichtig, weil in der Regel ein langfristiger Versicherungsschutz vereinbart wird. Deshalb ist der Beitrag oft höher angegeben als unbedingt notwendig. Die daraus resultierenden Gewinne fließen in Form der Überschussbeteiligung[47] an die Kunden zurück. Dazu können die unterschiedlichen Systeme der Beitragsverrechnung[48], der Bonusrente[49] oder die verzinsliche Ansammlung[50] genutzt werden. Die Bonusrente oder die verzinsliche Ansammlung sind für den Versicherungsnehmer ungewiss und werden deshalb von Experten nicht empfohlen. Im Gegensatz dazu wirkt sich die Beitragsverrechnung sofort bei dem Kunden aus (vgl. Balodis, 2003, S. 59-62; vgl. Stumpf/Mlodzik, 2003, S. 32 f.; vgl. o. V., 2003, S. 79; vgl. Schmidt-Kasparek, 2004, S. 86 f.).

3.2.2.5. Leistungs- und Versicherungszeiten

Die Versicherungsprämie ist umso geringer, je kürzer die Versicherungs- und Leistungsdauer gewählt wird. Der Zeitpunkt des Eintritts einer möglichen BU ist unsicher. Deshalb sollte die Leistungszeit[51] und Versiche-

---

[47] Unabhängig welche Form der Überschussbeteiligung der Versicherungsnehmer wählt, ist die Überschussbeteiligung nicht garantiert und in ihrer Höhe variabel. Im Beispiel der Beitragsverrechnung kann der Nettobeitrag ansteigen, wenn die Überschussbeteiligung sinkt. Damit der Bruttobeitrag die Obergrenze darstellt, muss der Versicherer in seinen Bedingungen ausdrücklich auf die Anwendung des § 172 VVG verzichten. Der § 172 VVG erlaubt, dass die Versicherung die Versicherungsprämie neu festsetzen kann, wenn nicht vorhersehbare und nicht vorübergehende Veränderungen im Leistungsbereich auftreten. D. h. die Versicherungsprämie könnte über den Bruttobeitrag hinaus erhöht werden. Das bedeutet für die Versicherungsnehmer ein unüberschaubares Risiko. Viele Versicherungsgesellschaften verzichten auf die Anwendung des § 172 VVG (vgl. Balodis, 2003, S. 61 f., 84; vgl. Stumpf/Mlodzik, 2003, S. 32 f.; vgl. Schmidt-Kasparek, 2004, S. 86 f.).

[48] Im Rahmen der Beitragsverrechnung wird ein Teil des Überschusses sofort mit den Bruttobeiträgen verrechnet. Es ergeben sich die Nettobeiträge, diese sind oft nur noch halb so hoch wie die Brutto-Beiträge. Für den Versicherungsnehmer ergibt sich folgender Vorteil, das gewünschte Risiko kann zu einem niedrigeren Preis abgesichert werden. Zu beachten ist, die Versicherungsprämie kann bis maximal zum Bruttobeitrag steigen (vgl. Balodis, 2003, S. 61).

[49] Bei der Bonusrente fließen die Überschüsse in eine zusätzliche Rente. Diese kann der Versicherungsnehmer nur im Leistungsfall nutzen. Die Höhe der zusätzlichen Rente ist nicht garantiert wie alle Überschussleistungen. Diese Form der Überschussverwendung bedeutet für den Versicherungsnehmer hohe Versicherungsprämien (vgl. Balodis, 2003, S. 61).

[50] Unter der verzinslichen Ansammlung ist eine Einmalzahlung am Ende der Vertragslaufzeit zu verstehen. Versicherer begründen diese Möglichkeit der Überschussnutzung damit, dass der Versicherungsnehmer, der die Versicherung nicht gebraucht hat, ein Teil des eingezahlten Geldes zurück erhält. Dafür zahlt er aber während der gesamten Versicherungslaufzeit höhere Versicherungsprämien (vgl. Balodis, 2003, S. 61).

[51] „Als Leistungszeit wird der Zeitraum bezeichnet, in dem die Versicherung aufgrund einer Berufsunfähigkeit längstens Renten zahlt." (Balodis, 2003, S. 62)

rungszeit[52] bis zum 65. Lebensjahr vereinbart und dem individuellen Bedarf entsprechend angepasst werden. Viele Versicherer bieten jedoch Versicherten in Risikoberufen nur eine verkürzte Versicherungszeit, z. B. bis 50, 55 oder 60 Jahren, an. Gerade diesen Personen ist zu empfehlen, die Angebote der unterschiedlichen Versicherungsgesellschaften genau zu vergleichen. Denn jedes zusätzliche Versicherungsjahr bedeutet mehr Sicherheit für den Versicherungsnehmer (vgl. Balodis, 2003, S. 62; vgl. Stumpf/Mlodzik, 2003, S. 29).

3.2.2.6. Pauschal- oder Staffelregelung

Die meisten Versicherungsgesellschaften zahlen die volle BUR nur, wenn der Versicherte zu mindestens 50 % berufsunfähig ist. Diese Vorgehensweise wird Pauschalregelung genannt. Daneben bieten einige Versicherungsgesellschaften eine Staffelung[53] an. Das bedeutet, die BUR wird in Abhängigkeit der anteiligen BU in unterschiedlicher Höhe gezahlt.[54]

Experten favorisieren die Pauschalregelung, weil der Versicherte ab einer 50%igen BU die volle Rente erhält. Diese Rente allein erreicht meist nicht das vorher erzielte Nettoeinkommen und ist deshalb mit finanziellen Einbußen verbunden. Bei der Staffelregelung erhält der Versicherte bei geringeren Berufsunfähigkeitsgraden eine Rente. Diese ist deutlich geringer als das vorher erzielte Nettoeinkommen. Das bedeutet, bei einer 50%igen BU erhält der Versicherte nur die halbe Rente und nicht wie bei der Pauschalregelung die volle Rente ausgezahlt. Darüber hinaus muss bei der Staffelregelung mit mehr Rechtsstreitigkeiten gerechnet werden als bei der Pauschalregelung. Der Grund hierfür sind die unterschiedlichen Schwellenwerte bei der Staffelregelung im Gegensatz zur 50 % Schwelle bei der Pauschalregelung (vgl. Balodis, 2003, S. 65).

---

[52] „Versicherungszeit wird der Zeitraum genannt, in dem das Risiko einer BU versichert ist." (Balodis, 2003, S. 62)
[53] Beispielsweise gewährt die Versicherung ein Viertel der Rente bei einer 25%igen BU, die halbe Rente bei einer BU von 50 % und die volle Rente bei der Schwelle von 75%iger BU. Des Weiteren gibt es die Staffelung ein Drittel Rente bei 33%iger BU und die volle Rente ab einer BU von 66 %. Bei beiden Staffelungsmöglichkeiten wird zwischen den Grenzwerten die Rente in Höhe des festgestellten Berufsunfähigkeitsgrades gezahlt (vgl. Balodis, 2003,   S. 64 f.; vgl. www.monatscd.de/Online-Archiv/content/2004/02/16/Berufs unfähigkeitsversicherung, vom 26.10.2004).
[54] Vgl. www.monatscd.de/Online-Archiv/content/2004/02/16/Berufsunfähig keitsversicherung, vom 26.10.2004; vgl. Balodis, 2003, S. 64 f.

3.2.2.7. Karenzzeiten

Erfolgt die Zahlung der BUR erst nach Ablauf von einigen Monaten (z. B. 3, 6, 12 oder mehr Monate) nach Eintritt der BU, spricht man von Karenzzeit. Das Vereinbaren von Karenzzeiten ist nur dann sinnvoll, wenn es Garantiezeiten für Gehaltszahlungen bzw. Krankengeld gibt (z. B. bei Angestellten). Darüber hinaus spart die Versicherung im Leistungsfall Geld, wenn die Zahlung der Rente erst später erfolgt. Deshalb verringert sich die Versicherungsprämie geringfügig (vgl. Stumpf/Mlodzik, 2003, S. 30; vgl. Balodis, 2003, S. 66 f.).

3.2.2.8. Gruppenvertrag – eine günstige Alternative

Ein Gruppen- oder Kollektivvertrag bietet günstigere Konditionen, denn sie werden meist in Betrieben, Vereinen oder Verbänden angeboten. Die große Anzahl an Abschlüssen ermöglicht es der Versicherungsgesellschaft, Rabatte auf den Beitrag zu gewähren und eingeschränkte Gesundheitsfragen zu stellen. Diese Gruppenverträge bieten Personen mit erheblichen Vorerkrankungen die Möglichkeit, einen Versicherungsschutz für den Fall der BU zu erlangen. Dieser Versicherungsschutz kann dem Interessenten verwehrt werden, wenn er zuvor Anträge für eine BU-Versicherung bei anderen Gesellschaften gestellt hatte und diese abgelehnt wurden. Die Versicherungsgesellschaften können für die Antrags- und Risikoprüfung alle zugänglichen Informationen verwenden und daher Einblick in die Versicherer-Datenbank nehmen (vgl. Balodis, 2003, S. 70).

Nachdem die unterschiedlichen Vertragsbestandteile[55] dargelegt und vor Vertragsabschluss ausgewertet wurden, ist der Fall einer möglichen Überversicherung zu beachten. Das bedeutet, dass alle Leistungen der Versorgungssysteme[56] zusammengefasst werden und diese das vorherige Nettoeinkommen nicht überschreiten dürfen (vgl. Simons, 1996, S. 79).

---

[55] Die obigen Informationen lassen sich in einer Checkliste übersichtlich und kompakt zusammenfassen. Siehe hierzu Kapitel 7.4. „Checkliste: optimale Vertragsgestaltung".
[56] Die Leistungen der Versorgungssysteme umfassen private BURn unterschiedlicher Gesellschaften, betriebliche Altersversorgung, GRV, Beamtenversorgung und vieles mehr (vgl. Simons, 1996, S. 79).

3.2.3. Der dritte Schritt: Prüfung der Versicherungs-bedingungen

Die Versicherungsbedingungen sind ein wichtiger Aspekt bei der Auswahl einer BU-Versicherung. Die Inhalte entscheiden später darüber, wie wertvoll der Vertrag im Leistungsfall ist. Faire und verbraucherfreundliche Bedingungen verhindern möglicherweise lange Rechtsstreitigkeiten im Krankheitsfall bis zur Zahlung der Rente. Jeder Interessent für eine BU-Versicherung sollte deshalb im eigenen Interesse vor Abschluss des Vertrages die Versicherungsbedingungen prüfen (vgl. Balodis, 2003, S. 72).

Die wichtigsten Kriterien zum Verständnis und zur Deutung der Versicherungsbedingungen werden im Folgenden betrachtet: Experten empfehlen jedem Interessenten einen Vergleich und die Prüfung der Bedingungen der unterschiedlichen Gesellschaften. Die Entscheidung, welche Kriterien unbedingt im Vertrag enthalten sein sollen, muss jeder Interessent für sich selbst entscheiden (vgl. Balodis, 2003, S. 72).

3.2.3.1. Elf Kriterien für verbraucherfreundliche Versicherungsbedingungen

Die nachfolgenden Kriterien sollten in den Versicherungsbedingungen verbraucherfreundlich geregelt sein, denn Aussagen des Vertreters oder in Werbeschriften gelten nicht im späteren Leistungsfall (vgl. Balodis, 2003, S. 73).

1. Verzicht auf abstrakte Verweisung

Bei der Beurteilung von Bedingungswerken von Versicherungsunternehmen spielt die abstrakte[57] bzw. konkrete[58] Verweisung eine große Rolle. Dabei stellt das Einkommen im Rahmen der sozialen Stellung ein Beurteilungskriterium dar. Der finanzielle Verlust aus der Tätigkeit darf 25 % des Einkommens nicht überschreiten. In diesen Fall kann der Versicherte nicht auf diese Tätigkeit verwiesen werden. Übt ein Versicherter trotz

---

[57] Bei der abstrakten Verweisung kann ein Versicherter auf einen Beruf verwiesen werden, den er bisher nicht ausgeübt hatte, aber theoretisch dazu in der Lage wäre. Inwieweit dieser Verweisungsberuf vom Versicherten ausgeübt wird, ist für den Versicherer nicht relevant (vgl. Balodis, 2003, S. 35, 73-75).

[58] Bei der konkreten Verweisung kann der Versicherer einen berufsunfähigen Versicherten, der noch in seinem oder einem anderen Beruf arbeiten kann, darauf verweisen. In diesem Fall muss neben der medizinischen Zumutbarkeit und den Kenntnissen und Fähigkeiten auch die soziale Lebensstellung beachtet werden (vgl. Balodis, 2003, S. 35, 73-75).

medizinischer Unfähigkeit seinen bisherigen Beruf aus, erhält er in der Regel keine BUR. Verzichtet eine Versicherungsgesellschaft auf jegliche Verweisung, spielt die Ausübung einer beruflichen Tätigkeit keine Rolle. Der vollständige Verzicht auf Verweisung stellt einen Einzelfall dar. Kundenfreundliche Versicherer verzichten generell auf die abstrakte Verweisung. Dieser Verzicht sollte neben der Erstprüfung auch alle späteren Nachprüfungen beinhalten. Einige Versicherer bieten den Verzicht auf abstrakte Verweisung erst ab einem bestimmten Alter (z. B. 50 oder 55 Jahre) des Versicherten an (vgl. Stumpf/Mlodzik, 2003, S. 25 f.; vgl. Balodis, 2003, S. 35, 73-75; vgl. o. V., 2001 a, S. 11; vgl. o. V., 2001 b, S. 653).

2. *Sechs-Monats-Prognose reicht*

In älteren Versicherungsbedingungen musste eine voraussichtlich dauernde[59] BU vom Arzt bescheinigt werden. Deshalb ist es kundenfreundlich, wenn die Versicherungsgesellschaft den Prognosezeitraum auf sechs Monate beschränkt.[60]

3. *Anerkennung ab Eintritt der Berufsunfähigkeit, auch rückwirkend*

Kundenfreundliche Versicherungsunternehmen gewähren die Rentenzahlung mit dem Beginn der BU, d. h. es werden auch rückwirkende Zahlungen getätigt (vgl. Balodis, 2003, S. 75; vgl. o. V., 2001 a, S. 11).

4. *Rückwirkende Zahlung, keine oder lange Meldefristen*

Die Meldung des Leistungsfalls gehört zu den Pflichten des Versicherungsnehmers. Es kommt häufig vor, dass eine Erkrankung unterschätzt oder vom Versicherten als (noch) nicht dauerhafte BU angesehen wird. In diesen Fällen erfolgt die Meldung an den Versicherer erst, wenn keine Besserung beim Versicherten eintritt. Somit verzichten kundenfreundliche Versicherungsgesellschaften auf Meldefristen oder sehen lange Melde-Zeiträume (z. B. drei Jahre) vor (vgl. Balodis, 2003, S. 76; vgl. o. V., 2001 a, S. 11).

---

[59] Voraussichtlich dauernd bedeutet in diesem Zusammenhang drei Jahre (vgl. Balodis, 2003, S. 75).
[60] Vgl. www.daserste.de/plusminus/beitrag.asp?iid=251, vom 27.10.2004; vgl. www.monatscd.de/ Online-Archiv/content/2004/02/16/Berufsunfähig keitsversicherung, vom 26.10.2004; vgl. Balodis, 2003, S. 75.

5. Zinslose Stundung der Versicherungsbeiträge bis zur Leistungsentscheidung

In der Zeit, in der der Versicherer über die Gewährung der Rente entscheidet, hat der Versicherte in der Regel kein oder nur ein geringes Einkommen. Aus diesem Grund ist es für die Versicherten vorteilhaft, wenn die Versicherung bis zur Entscheidung über die Leistungserbringung (Rentenzahlung) die Beiträge stundet. Die Stundung der Beiträge kann auf Antrag oder automatisch geschehen. Bei einer negativen Entscheidung über die Rentenzahlung muss der Versicherte die gestundeten Beiträge nachzahlen.[61]

6. Nachversicherungsgarantie

Es besteht die Möglichkeit der Dynamik oder der Nachversicherungsgarantie[62], um die Rentenhöhe an steigende Einkommen und der Inflation anzupassen.[63]

7. Begrenzung des Rücktrittsrechts wegen vorvertraglicher Anzeigepflichtverletzung auf maximal fünf Jahre

Die meisten Rechtsstreitigkeiten bei der BU-Versicherung gibt es im Zusammenhang mit der Anzeigepflichtverletzung. Die Versicherer prüfen vor allem im Leistungsfall, ob bei der Antragstellung Erkrankungen nicht angegeben wurden. Ist das der Fall, kann der Versicherer nach § 16 VVG vom Vertrag zurücktreten. Das Rücktrittsrecht ist gesetzlich auf 10 Jahre begrenzt. Eine Vielzahl der Versicherungsgesellschaften hat freiwillig das Rücktrittsrecht auf 5 Jahre reduziert. Noch kundenfreundlicher wäre eine Begrenzung auf 3 Jahre. Ungeachtet dieser freiwilligen Reduzierung des Rücktrittsrechts sollte der Versicherte nicht bewusst falsche Angaben bei der Antragstellung tätigen. Im Falle der vorsätzlichen Unterlassung von der Angabe vorhandener Erkrankungen kann der Vertrag bis zu 10 Jahre

---

[61] Vgl. www.daserste.de/plusminus/beitrag.asp?iid=251, vom 27.10.2004; vgl. Balodis, 2003, S. 76.
[62] Siehe hierzu ausführlicher Kapitel 3.2.2.3 „Dynamik oder Nachversicherungsgarantie".
[63] Vgl. www.acio.de/berufsunfaehigkeitsversicherung/leistungen/nachversicherung.htm, vom 27.10.2004; vgl. Balodis, 2003, S. 76 f.; vgl. www.monatscd.de/Online-Archiv/content/2004/02/16/ Berufsunfähigkeitsversicherung, vom 26.10.2004.

nach Antragstellung nach § 22 VVG in Verbindung mit §§ 123, 124 BGB (arglistige Täuschung) angefochten werden.[64]

8. Befristete Anerkennung

Zahlt ein Versicherer für einen bestimmten Zeitraum die Rente, ohne dem Rentenanspruch grundsätzlich zuzustimmen, spricht man von einer befristeten Anerkennung. Damit sich ein Versicherer um die tatsächliche Anerkennung der Rente bemüht, sollte in den Versicherungsbedingungen aufgeführt sein, wie oft eine Befristung nacheinander ausgesprochen werden kann. Somit bekommt der Versicherte die Sicherheit, dass ihn die Versicherungsgesellschaft nicht uneingeschränkt hinhält (vgl. Balodis, 2003, S. 78 f.).

9. Verzicht auf Nachprüfung während einer befristeten Anerkennung

Spricht ein Versicherer eine befristete Anerkennung der BU aus, sollte es erst nach Ablauf dieser Anerkennung eine erneute Prüfung des Gesundheitszustands geben (vgl. Balodis, 2003, S. 79).

10. Verzicht auf Kündigungsrecht nach § 41 VVG

Der Paragraph 41 VVG erlaubt es dem Versicherer, bei einem von Vertragsbeginn an erhöhten Risiko nachträglich den Beitrag zu erhöhen oder gar vom Vertrag zurückzutreten. Ist dem Versicherten ein erhöhtes Risiko nicht bekannt, kann er es bei der Antragstellung nicht angeben. Deshalb hat er sich nicht der vorvertraglichen Anzeigepflichtverletzung schuldig gemacht. Damit Versicherte vor ungerechtfertigten Beitragserhöhungen bzw. der Kündigung des Vertrages geschützt sind, verzichten kundenfreundliche Versicherer ausdrücklich auf die Anwendung des § 41 VVG (vgl. Balodis, 2003, S. 79; vgl. o. V., 2001 a, S. 11; vgl. o. V., 2001 b, S. 653).

11. Weltweiter Versicherungsschutz

Kundenfreundliche Versicherer bieten den zeitlich unbegrenzten, weltweiten Versicherungsschutz an. Das ist aber nicht bei allen Versicherern der Fall, sondern sie begrenzen den Versicherungsschutz auf das Gebiet

---

[64] Vgl. www.acio.de/berufsunfaehigkeitsversicherung/leistungen/ruecktrittsverzicht.htm, vom 27.10.2004; vgl. Balodis, 2003, S. 77.

der Europäischen Union. Darüber hinaus ist nur der mehrwöchige Auslandsurlaub versichert.[65]

Darüber hinaus sollte Kapitel 7.5. „Weitere wichtige Versicherungsbedingungen" beachtet werden.

3.2.3.2. Faire Versicherungen sind wählerisch

Versicherungsgesellschaften, die über kundenfreundliche Bedingungen verfügen, sind bei der Auswahl ihrer Kunden sehr sorgfältig. Das zeigt sich dadurch, dass Interessenten mit Vorerkrankungen und Risikoberufen eher selten einen Vertrag erhalten. Deshalb sollten sich Interessenten mit Vorerkrankungen und/oder Risikoberufen um einen Gruppenvertrag bemühen. Gelingt dies nicht, empfehlen Experten, dass sich der Interessent an große Versicherungsgesellschaften wendet und dort möglichst viele Probeanträge gleichzeitig stellt. Dabei muss sich der Interessent auf Kompromisse beim Versicherungsschutz einstellen und abwägen, welche Punkte unbedingt im Versicherungsvertrag enthalten sein sollen und welche Punkte für ihn eher zweitrangig sind (vgl. Balodis, 2003, S. 82).

Was vom Versicherten alles bei der Antragstellung zu beachten ist, wurde bereits ausführlich dargestellt. Die unterschiedlichen Schritte bis zum Versicherungsvertrag sind in der Abbildung 9 zusammengefasst.

Viele versicherte Personen haben einen unzureichenden Versicherungsschutz vereinbart, d. h. im Leistungsfall wird lediglich die Hauptversicherung beitragsfrei fortgeführt. Zum Teil ist keine oder eine zu geringe Rentenzahlung vereinbart. Diese Versicherten sollten ihren Versicherungsschutz nicht übereilt kündigen, sondern zuvor die Chancen auf einen neuen Vertrag prüfen und erst mit der Annahme des neuen Vertrages die alte Versicherung kündigen. Liegen hingegen erste Erkrankungen vor, die einen neuen Vertragsabschluss verhindern bzw. erschweren, sollte der Versicherer kontaktiert werden, inwieweit der Versicherungsschutz ohne Gesundheitsprüfung erweitert werden kann.[66]

---

[65] Vgl. www.acio.de/berufsunfaehigkeitsversicherung/leistungen/geltungsbereich.htm, vom 27.10.2004; vgl. www.berufsunfaehigkeiterwerbsminderung.de/tips2, vom 26.10.2004; vgl. Balodis, 2003, S. 79.

[66] Vgl. www.monatscd.de/Online-Archiv/content/2004/02/16/Berufsunfähigkeitsversicherung, vom 26.10.2004.

Abbildung 9: Schritt für Schritt zum Versicherungsvertrag

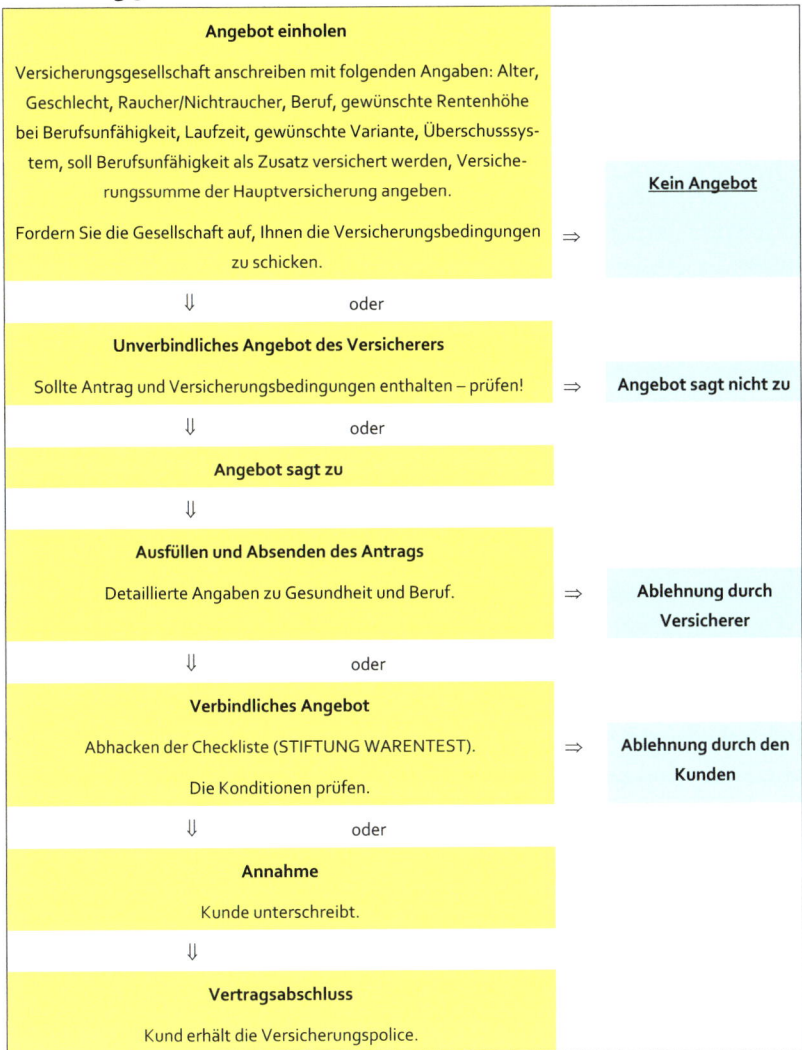

(Quelle: Nach o. V., 2004, S. 25.)

3.3. Die Risikoprüfung

In der privaten Lebensversicherung kann der Versicherungsnehmer die Höhe und den Umfang des Versicherungsschutzes selbst wählen. Versicherungsgesellschaften nehmen im Gegenzug eine Auslese der Anträge vor. Dabei wird geprüft, inwieweit das zu übernehmende Risiko versicherbar ist. Das bedeutet für den Interessent, dass, falls er über gesundheitliche Beeinträchtigungen verfügt, mit einem Aufpreis (Risikozuschlag), einem Ausschluss oder der Ablehnung des Antrages rechnen muss.[67]

Bei der Risikoprüfung wird zwischen objektiven und subjektiven Risiken unterschieden. Zu den objektiven Risiken gehören die persönlichen Merkmale wie Eintrittsalter, Versicherungsdauer und Geschlecht. Darüber hinaus zählen dazu das medizinische (endogene) Risiko[68] und das exogene Risiko[69]. Zum subjektiven Risiko[70] werden die Lebensumstände und Verhaltensweisen des Versicherten gerechnet. Dabei ist zwischen medizinischen Risiken[71], nicht-medizinischen Risiken[72] und dem Zusammenspiel beider zu unterscheiden (vgl. Kurzendörfer, 2000, S. 240). Bei der Einschätzung des Risikos kann eine Trennung der Risikoarten nicht vorgenommen werden, weil die berufliche Tätigkeit mit dem Gesundheitszustand und dieser wiederum mit der Lebensweise des Versicherten verbunden ist (vgl. Kurzendörfer, 2000, S. 232).[73]

Die Risikoprüfung ist als mehrstufiger Prozess zu verstehen, für den das intuitive Wissen der Mitarbeiter/Sachbearbeiter (Erfahrungen in der Be-

---

[67] Vgl. www.monatscd.de/Online-Archiv/content/2004/02/16/Berufsunfähigkeitsversicherung, vom 26.10.2004; vgl. Kurzendörfer, 2000, S. 221.
[68] Die medizinische Risikobeurteilung beinhaltet den gegenwärtigen Gesundheitszustand, die medizinische Vorgeschichte und vereinzelt auch die medizinische Erbgeschichte des Versicherten (vgl. Kurzendörfer, 2000, S. 232).
[69] Das exogene Risiko wird in das Berufsrisiko, Sportrisiko und Auslandsrisiko unterschieden (vgl. Kurzendörfer, 2000, S. 234).
[70] Das subjektive Risiko liegt zum Teil außerhalb des versicherbaren Risikos. Es umfasst die Bereiche der einfachen und groben Fahrlässigkeit sowie den Vorsatz. Die Fahrlässigkeit liegt im Übergangsbereich der Versicherbarkeit, demnach ist der Vorsatz in der Regel nicht versicherbar. Das subjektive Risiko beinhaltet das finanzielle Risiko und das nicht-finanzielle Risiko (vgl. Kurzendörfer, 2000, S. 238).
[71] D. h. empfohlene Therapiemaßnahmen werden eingehalten (vgl. Kurzendörfer, 2000, S. 240).
[72] Dazu gehört die Ausübung gefährlicher Sportarten (vgl. Kurzendörfer, 2000, S. 240).
[73] Im Kapitel 7.6. „Risikoarten" befindet sich eine Übersicht, die das Zusammenwirken der unterschiedlichen Risiken verdeutlicht.

rufspraxis) und von Spezialisten benötigt wird. Dazu gehören die Vorgaben der Rückversicherer, spezielle Software, Revisionsärzte, die für das Unternehmen tätig sind, und spezielle Tarifierungsunternehmen, die auf Honorarbasis mit der Versicherungsgesellschaft zusammenarbeiten (vgl. Kurzendörfer, 2000, S. 234).

Im Rahmen einer Risikoprüfung für eine BU-Versicherung ist die Prüfung des Berufsrisikos fester Bestandteil. Dabei wird folgendes untersucht:

- der Grad der körperlichen Beanspruchung[74],
- der Grad der Beanspruchung einzelner Sinnesorgane[75],
- der Grad der psychischen Belastung[76],
- das berufliche Flugrisiko[77],
- das Risiko der Berufssportler[78],
- die Gestaltung der Arbeitszeit (regelmäßig, unregelmäßig) und
- der Umgang mit Allergie auslösenden Substanzen[79] (vgl. Kurzendörfer, 2000, S. 235).

Die nachfolgenden Informationen stellten 18 Versicherungsunternehmen[80] auf Anfrage zur Verfügung.

Die Antrags- und Risikoprüfung ist bei Neuverträgen notwendig. Die Risikoprüfung hat die Aufgabe, die Gefahren zu ermitteln, denen eine zu versichernde Person ausgesetzt ist. Dabei werden die zu versichernden Personen in Gruppen mit gleichen Gefahrenmerkmalen einsortiert. Die Versicherungsgesellschaft trifft somit eine Auswahl nach den Risikomerkmalen der zu versichernden Personen. Die Prüfung wird anhand der Angaben im Versicherungsantrag vorgenommen. Die Risikoprüfung von Anträgen umfasst folgende Teilgebiete: Berufsrisiken, Sonderrisiken, finanzielle

---

[74] Z. B. die Berufe Handwerker, Kraftfahrer, Landwirte zählen hierzu (vgl. Kurzendörfer, 2000, S. 235).
[75] Folgende Berufe zählen z. B. hierzu Fotografen, Optiker (vgl. Kurzendörfer, 2000, S. 235).
[76] Z. B. der Beruf des Lehrers zählt hierzu (vgl. Kurzendörfer, 2000, S. 235).
[77] Folgende Berufe zählen z. B. hierzu Piloten, Flugbegleiter (vgl. Kurzendörfer, 2000, S. 235).
[78] Folgende Berufe zählen z. B. hierzu Tennislehrer, Jockey (vgl. Kurzendörfer, 2000, S. 235).
[79] Folgende Berufe zählen z. B. hierzu Bäcker (Mehlstaub), Maurer (Zementstaub), Landwirte (Pollen, Gräser, Düngemittel) (vgl. Kurzendörfer, 2000, S. 235).
[80] Die Informationen wurden per E-Mail, Post, Telefon bzw. im persönlichen Interview zusammengetragen. Die Beteiligten sind im Kapitel 7.7. „Der Fragebogen und die unterstützenden Versicherungsunternehmen" aufgeführt.

Risiken und medizinische Risiken. Zur genauen Risikoeinschätzung werden zum Teil spezielle Fragebögen benutzt.

Die weiteren Ausführungen sind auf die medizinische Risikoprüfung begrenzt.

Bei der Beantragung einer BU-Versicherung genügt es in der Regel, dass die im Antrag enthaltenen Gesundheitsfragen vollständig und wahrheitsgemäß ausgefüllt werden. Für diese Beurteilung und Bewertung können folgende Unterlagen benötigt werden:

- o individuelle Fragebögen zu unterschiedlichen Erkrankungen,
- o Anforderung eines Arztberichtes,
- o Anforderung einer Kontrolluntersuchung oder
- o Anforderung einer ärztlichen Untersuchung mit verschiedenen Untersuchungsstufen[81].

Sollte es für ein bestimmtes Risiko keinen Fragebogen geben, wird bzgl. dieses Risikos eine direkte Anfrage an den Kunden gestellt

Die Fragebögen[82] werden stetig den medizinischen Entwicklungen angepasst, so dass sich die Anzahl der Fragebögen und der Inhalt verändert. In ihnen wird nach den medizinischen Diagnosen, dem Umfang der Behandlung und der Behandlungsart gefragt. Die Fragebögen werden eingesetzt, wenn im Antrag Vorerkrankungen oder Beschwerden angegeben wurden, mit denen sich der Versicherte gut auskennt. Dazu zählen z. B. Allergien, Diabetes und Bluthochdruck. Das geschieht hauptsächlich aus wirtschaftlichen Gründen. So erhält die Versicherungsgesellschaft schnell und kostenfrei Informationen über den aktuellen Gesundheitszustand des Versicherungsnehmers. Der Haus- oder Facharzt wird befragt, wenn komplexe

---

[81] Die verschiedenen Versicherungsgesellschaften sehen in ihren Bedingungen ab einer bestimmten Versicherungssumme bzw. Jahresrente eine ärztliche Untersuchung vor. Dabei steigen mit zunehmenden Summengrenzen die vorgeschriebenen Untersuchungen.

[82] Die Fragebögen werden von den Gesellschaften individuell erstellt und gestaltet. Es gibt Fragebögen für die folgenden Erkrankungen: Allergie, Atemwegsbeschwerden, Augenerkrankungen, Depressionen, Diabetes (Zuckerkrankheit), Durchblutungsstörungen, Epilepsie (Anfallsleiden), Gallenblasenerkrankungen, Hauterkrankungen, Hepatitis, Hypertonie (Bluthochdruck), Kreislaufstörungen, Magen-, Darm- und Speiseröhrenerkrankungen, Nerven- und Gemütskrankheiten, Nierenkrankheiten, Ohrenerkrankungen, Operationen, Rheuma, Schilddrüse, Schwangerschaft, Unfallfolgen, Unterleibserkrankungen, Venenerkrankungen und Wirbelsäulenerkrankungen. Im Kapitel 7.8. „Musterfragebögen" befinden sich einige Beispiele.

Krankheitsbilder (z. B. Krebs und Herzerkrankungen) oder mehrere Erkrankungen gleichzeitig vorliegen bzw. noch keine Einschätzung des Risikos möglich ist. Zum Teil werden für die Risikobeurteilung die Informationen aus dem Fragebogen und die Arztanfrage benötigt.

Die genannten Erkrankungen werden hinsichtlich der folgenden Punkte beurteilt:

o Schwere der Erkrankung

o Wann war die Erkrankung? Besteht sie noch?

o Ist die Erkrankung folgenlos ausgeheilt? Wenn ja, wann? Wenn nein, welche Folgen bestehen noch?

o Wie wird behandelt?

o Wie alt ist der Kunde?

Im Rahmen der Risikoprüfung werden die verschiedenen Erkrankungen in unterschiedliche Risikogruppen eingestuft. Dabei wird in günstig verlaufende Risiken, mittelschwere Risiken und ungünstig verlaufende/gelagerte Risiken unterschieden. Daraus resultiert, welcher versicherungsmathematisch notwendige Risikoausgleich erfolgt. Es bestehen hauptsächlich die folgenden Risikoausgleichsmöglichkeiten:

o normale Annahme des Antrages,

o Beitragszuschlag,

o Ausschluss von Krankheiten oder

o Ablehnung des Antrages.

Diese Möglichkeiten wurden in Zusammenarbeit mit den Rückversicherern[83], der jahrelangen Erfahrung der Risikoprüfer und der Ärzte, die mit der Gesellschaft zusammenarbeiten, sowie den statistischen Erfahrungswerten erarbeitet. Die Richtlinien sind sehr umfangreich, so dass an dieser Stelle nur die Kernpunkte umrissen werden können.

Verfügt ein Versicherungsnehmer über einen normalen Gesundheitszustand, erfolgt in der Regel die Annahme des Antrages.

Gibt der Versicherungsnehmer im Antrag hingegen Erkrankungen bzw. Funktionsstörungen[84] an, die isoliert betrachtet werden können, sind diese Erkrankungen in der Regel vom Versicherungsschutz ausgeschlossen. Bei der Vereinbarung von Ausschlüssen spielt der Beruf bzw. die Tätigkeit

---

[83] Nähere Informationen zur Risikoteilung durch eine Rückversicherung sind in Kurzendörfer, 2000, S. 251-255 zu finden.

[84] Dazu zählen z. B. Erkrankungen der Wirbelsäule, der Knie oder eine Allergie.

eine entscheidende Rolle. Denn es muss beurteilt werden, ob sich die Erkrankung auf eine mögliche BU auswirken könnte.

Handelt es sich bei den angegebenen Erkrankungen um Krankheitsbilder mit vielseitigen Auswirkungen, wird ein Beitragszuschlag erhoben. Das ist in der Regel bei inneren Erkrankungen[85] der Fall, solange noch keine dadurch verursachten Folgeerkrankungen aufgetreten sind. Bei kleineren Zuschlägen kommt es vor, dass der Verwaltungsaufwand im Vergleich zum Mehrbetrag (Zuschlag) so hoch ist, dass auf die Erhebung des Zuschlages verzichtet wird.

Ein Vertrag wird dagegen abgelehnt, wenn schwerwiegende Erkrankungen[86], ein Suchtleiden[87] oder ein Suizidversuch vorliegen bzw. vorgelegen haben. Denn in diesen Fällen ist das zu übernehmende Risiko für die Versicherung zu hoch.

Neben den Möglichkeiten des Risikozuschlages und des Leistungsausschlusses können die Gesellschaften auch die BUR, die Versicherungssumme oder die Laufzeit des Vertrages reduzieren, die Dynamik ausschließen oder den Antrag für eine gewisse Zeit zurückstellen. Ausschlaggebend ist dafür neben den Erkrankungen auch das Alter und der Beruf des Versicherungsnehmers sowie der gewünschte Versicherungsschutz. Soweit ein Antrag nur mit Erschwerungen zustande kommt, besteht in bestimmten Fällen die Möglichkeit einer erneuten Risikoprüfung, z. B. nach 2 Jahren.

Als Besonderheiten bei der Risikoprüfung werden ein elektronisches Einschätzungssystem und ein Vereinfachungstarif angesehen.

Einige Versicherer benutzen ein elektronisches Einschätzungssystem, das direkt beim Kunden während der Antragsaufnahme verwendet wird. Das System kann zwischen normalen und erhöhten Risiken unterscheiden. D. h., das System „denkt mit" und fragt bei bestimmten Vorerkrankungen zusätzliche Informationen ab. Somit übernimmt das elektronische System die erste Risikoprüfung.

Neben dem elektronischen System bieten andere Versicherer Vereinfachungstarife für ihre Kunden an. Der vereinfachte Tarif beinhaltet zwei Fragen und kann ausschließlich für geringe Versicherungssummen benutzt werden. Die Fragen beziehen sich auf eine vorhandene HIV-Infektion und ob eine BU- oder EU-Versicherung gewünscht wird. Dieser

---

[85] Dazu gehören z. B. Bluthochdruck oder leichtes Übergewicht.
[86] Dazu zählen z. B. Krebserkrankungen, psychische und psychosomatische Erkrankungen, schwerwiegende chronische Erkrankungen oder HIV.
[87] Hierzu gehören z. B. Alkohol- und/oder Drogensucht.

Tarif bietet Interessenten mit vielen Vorerkrankungen die Möglichkeit, eine Absicherung für den Fall der BU zu erhalten.

3.4. Der Leistungsfall

Abhängig von der bei Vertragsbeginn vereinbarten Regelung (Pauschal- oder Staffelregelung) tritt der Leistungsfall bei unterschiedlichen Berufsunfähigkeitsgraden ein.[88]

Sobald der Versicherungsnehmer die Kenntnis seiner BU hat, sollte er sie der Versicherungsgesellschaft melden. Denn mit dem Zeitpunkt der Anzeige (Meldung) des Versicherungsfalls kann der Leistungsfall beginnen. Bei einer späteren Anzeige verzögert sich der Leistungsbeginn. Viele Versicherer haben ihre Versicherungsbedingungen dahingehend geändert, dass die sechsmonatige Anzeigefrist auf bis zu drei Jahre verlängert wurde. Ausschlaggebend für eine Anzeige ist immer das Vorliegen der BU, gleichzeitig muss der Versicherungsnehmer diese nachweisen. Damit der Versicherungsnehmer seine Ansprüche geltend machen kann, muss er der Anzeige der BU folgende Unterlagen beilegen:

o Versicherungsschein,

o Arztbericht[89],

o Darstellung über den Eintritt und die Ursachen der BU[90] und

o Unterlagen über den Beruf, die Tätigkeit und der Stellung im Unternehmen[91].

---

[88] Vgl. Stumpf/Mlodzik, 2003, S. 33 f.; vgl. www.berufsunfaehigkeit-erwerbs minderung.de/info6.htm, vom 26.10.2004.

[89] Der Arztbericht sollte die Erkrankung des Versicherten eindeutig darstellen und gleichzeitig die Beeinträchtigung der beruflichen Tätigkeit des Versicherten erläutern (vgl. www.bu-claims.de/Website-c25.htm, vom 26.10.2004).

[90] Die Darstellung über den Eintritt und die Ursachen der BU ist zum Teil an den Arztbericht gekoppelt. Zusätzlich zum Arztbericht enthält die Darstellung den Grad der BU, den der Arzt bestimmt. Ebenso die prozentualen Anteile der Tätigkeiten, die der Versicherte noch ausüben kann (vgl. www.bu-claims.de/Website-c26.htm, vom 26.10.2004).

[91] Es ist wichtig, den Beruf, die Tätigkeiten und die Stellung im Unternehmen so genau wie möglich zu beschreiben. Dabei sollte auf Spezialfähigkeiten hingewiesen werden. Bei der Beschreibung ist von der Realität am Arbeitsplatz auszugehen und nicht vom „Soll-Zustand". Zusätzlich sind den Tätigkeiten ihre Wichtigkeit und mögliche Voraussetzungen hinzuzufügen. Ebenso gehört eine Aufstellung über den beruflichen Werdegang des Versicherten dazu (vgl. www.bu-claims.de/Website-c24.htm; vgl. www.bu-claims.de/ Website-c27.htm, vom 26.10.2004).

Die anfallenden Kosten für diese Zusammenstellung der Unterlagen hat der Versicherungsnehmer zu tragen (vgl. Kurzendörfer, 2000, S. 338-340).

Nach dem die erforderlichen Unterlagen bei der Versicherungsgesellschaft eingegangen sind, erfolgt die Leistungsprüfung in folgenden Schritten:

1. Abgleich des Begriffes BU mit dem vorliegenden Sachverhalt
2. Prüfung der Verweisungsmöglichkeiten und
3. Feststellung der BU (vgl. Kurzendörfer, 2000, S. 358-380).

Neben der Leistungsprüfung wird ein mögliches schuldhaftes Verschweigen des Versicherten von Vorerkrankungen geprüft. Im Falle einer vorvertraglichen Anzeigepflichtverletzung braucht der Versicherer nicht leisten.[92]

3.4.1. Der Begriff

Berufsunfähigkeit liegt vor, „wenn der Versicherte

o infolge Krankheit[93], Körperverletzung[94] oder Kräfteverfalls[95], die ärztlich nachzuweisen sind,

o voraussichtlich dauernd

o außer Stande ist, seinen Beruf oder eine andere Tätigkeit auszuüben, die seiner Ausbildung[,] Erfahrung und bisherigen Lebensstellung entspricht." (Kurzendörfer, 2000, S. 358)

Diese Voraussetzungen müssen geprüft werden. Dabei wird mit der medizinischen Komponente begonnen. Es folgt die zeitliche Komponente und die Prüfung der BU endet mit der berufsbezogenen Komponente (vgl. Kurzendörfer, 2000, S. 359-367).

---

[92] Vgl. www.daserste.de/plusminus/beitrag.asp?iid=251, vom 27.10.2004; vgl. www.bu-claims.de/Websitebu-c28.htm, vom 26.10.2004.

[93] Unter Krankheit ist ein regelwidriger Körper- oder Geisteszustand zu verstehen, d. h. es liegt eine Störung der normalen Körperfunktionen vor (vgl. Kurzendörfer, 2000, S. 359).

[94] Eine Körperverletzung liegt vor, „wenn durch äußere Ereignisse körperschädigender Art ein von der Norm abweichender Zustand hervorgerufen wird" (Kurzendörfer, 2000, S. 359).

[95] Unter Kräfteverfall versteht man, ein „über die Definition der Krankheit hinausgehender regelwidriger Körper- oder Geisteszustand durch Nachlassen der physischen oder psychischen Kräfte über einen alterssentsprechenden Zustand hinaus" (Kurzendörfer, 2000, S. 359).

3.4.1.1. Die medizinische Komponente

Die Erkrankung, die zur BU führt, ist von einem betrauten Arzt der Versicherungsgesellschaft festzustellen. Dabei kann der Versicherungsnehmer den betrauten Arzt nicht ablehnen. Der zuständige Arzt hat die Aufgabe, die gesundheitlichen Einschränkungen und das Restleistungsvermögen zu bestimmen. Die Bestimmung des Berufsunfähigkeitsgrades obliegt dem Versicherer, weil der Arzt mit der Bewertung der Begriffe der Sozial- und Individualversicherung und der beruflichen Komponente überfordert ist (vgl. Kurzendörfer, 2000, S. 359).

Einige Versicherungsgesellschaften beinhalten in ihren Versicherungsbedingungen weiterhin die Arztanordnungsklausel. Das bedeutet für den Versicherten, er muss konkrete Empfehlungen des Arztes befolgen. Allgemeine medizinische Ratschläge genügen nicht. Die Verweigerung einer Operation oder Therapie führt jedoch nicht automatisch zur Einstellung der Leistung. Zuvor ist zu prüfen, ob die Operation oder Therapie für den Versicherungsnehmer zumutbar ist (vgl. Kurzendörfer, 2000, S. 359 f.).

3.4.1.2. Die zeitliche Komponente

Bei der BU handelt es sich um einen gedehnten Versicherungsfall, weil der Zeitpunkt des Beginns der BU schwierig zu bestimmen ist (vgl. Kurzendörfer, 2000, S. 363). Die Abbildung 10 zeigt die unterschiedlichen zeitlichen Komponenten der BU mit dem möglichen Leistungsbeginn.

Abbildung 10: Die zeitlichen Komponenten der Berufsunfähigkeit

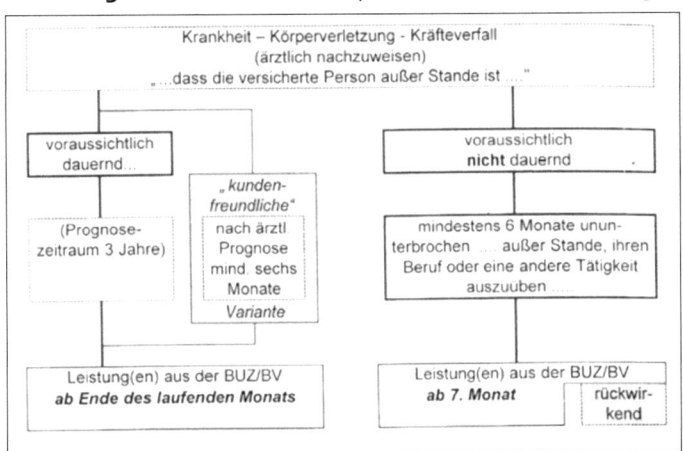

(Quelle: Kurzendörfer, 2000, S. 362.)

Viele Versicherungsunternehmen definieren die BU über eine dauerhafte Erkrankung. Dabei gilt eine Erkrankung als nicht dauerhaft, wenn sie selbstständig ausheilt. Der Zeitpunkt für den Beginn eines Leistungsfalls in einer BU-Versicherung ist in der Regel mit Hilfe einer Vergangenheitsbetrachtung festzustellen. Es ist daher der Zeitpunkt zu ermitteln, an dem nach aktuellen medizinischen Standards keine Wiederherstellung der beruflichen Tätigkeit erwartet wird. Dazu wird in der Regel ein längerer Zeitraum für die Prognose *dauerhaft berufsunfähig* benötigt. Deshalb sehen die Gesellschaften einen Prognosezeitraum von drei Jahren vor. Eine einfachere Feststellung der BU ist möglich, wenn der Versicherer eine mindestens sechsmonatige ärztlich nachgewiesene ununterbrochene BU als voraussichtlich dauerhaft anerkennt. Diese Vereinfachung führt aber nicht automatisch zum Rentenanspruch und der Einstellung der Beitragszahlung, weil z. B eine Erkrankung nach einer Operation vollständig ausheilen könnte (vgl. Kurzendörfer, 2000, S. 360 f.; vgl. Müller-Frank, 2002, S. 17 f.).

Im Prüfungszeitraum ist der Versicherungsnehmer verpflichtet, weiterhin die Beiträge zu zahlen. Bis zur Anerkennung der BU können die Beiträge auf Antrag gestundet werden (vgl. Kurzendörfer, 2000, S. 361 f.).

3.4.1.3. Die berufsbezogene Komponente

Die berufsbezogene Komponente wird in zwei Schritten geprüft. Zuerst informiert sich der Versicherer über die zuletzt ausgeübte Tätigkeit des Versicherten. Im zweiten Schritt wird der Grad der BU bestimmt (vgl. Kurzendörfer, 2000, S. 363).

Der ausgeübte Beruf

Kann eine versicherte Person[96] ihren konkreten Beruf nicht mehr ausüben, gilt sie als berufsunfähig. Dabei muss der Beruf auf Dauer ausgelegt sein und der Sicherung des Lebensunterhaltes[97] dienen. In der BU-Versicherung wird kein konkreter Beruf versichert, sondern die Tätigkeit, die zuletzt vor Eintritt der BU ausgeübt wurde, ist versichert (vgl. Kurzendörfer, 2000, S. 363 f.; vgl. zitiert nach BGH, 16.03.1994 in Müller-Frank, 2002, S. 21).

Übt ein berufsunfähiger Versicherungsnehmer seinen Beruf auf Kosten seiner Gesundheit weiterhin aus, ist der Versicherer trotzdem zur Leistung verpflichtet. Dafür reicht eine Prognose aus, die besagt, dass bei einer Fortsetzung der Tätigkeit weitere gesundheitliche Schäden auftreten (vgl. Kurzendörfer, 2000, S. 365; vgl. Müller-Frank, 2002, S. 40).

Bestimmung des Berufsunfähigkeitsgrades

Die Bestimmung des Berufsunfähigkeitsgrades erfolgt durch einen Vergleich der speziellen Anforderungen[98] an den ausgeübten Beruf. Dabei werden die Tätigkeiten, die der Versicherte noch ausüben kann, mit den Tätigkeiten, die er aufgrund der BU nicht mehr fähig ist zu leisten, ins Verhältnis gesetzt. Dazu benötigt der Versicherer eine konkrete Beschreibung der beruflichen Tätigkeit und die konkreten Auswirkungen der Erkrankung auf diese Tätigkeiten (vgl. Kurzendörfer, 2000, S. 365; vgl. Müller-Frank, 2002, S. 29).

---

[96] Bei Selbständigen, die ihre praktischen Tätigkeiten nicht mehr ausüben können, ist darüber hinaus zu prüfen, inwieweit eine Umorganisation des Betriebes zumutbar ist. Dabei spielt die Unternehmensgröße und das Volumen der zu verwaltenden Tätigkeiten eine entscheidende Rolle. Nicht zumutbar wäre die Verweisung auf eine nichtige bzw. minderwertige Tätigkeit. Ist dem selbständigen Versicherungsnehmer eine Umorganisation seines Unternehmens nicht möglich, muss er im Leistungsfall den Nachweis dafür erbringen. Dafür hat er die Organisation seines Unternehmens darzulegen. Hierzu gehören Angaben zur Unternehmensgröße, dem Umsatz, der Anzahl der Beschäftigten und Maschinen. Darüber hinaus ist zu belegen, dass er auf Grund seiner gesundheitlichen Beeinträchtigung keine beruflichen Tätigkeiten im Unternehmen ausführen kann (vgl. Kurzendörfer, 2000, S. 364 f.).

[97] Der Beruf, der den Lebensunterhalt sichert, muss nicht mit einem Erwerbszweck oder einer finanziellen Entlohnung verbunden sein. Im weiteren Sinne üben Hausfrauen/-männer, Studenten und Auszubildende einen konkreten Beruf aus (vgl. Kurzendörfer, 2000, S. 364).

[98] Die speziellen Anforderungen beinhalten die physischen, geistigen und psychischen Anforderungen an einen Beruf (vgl. Kurzendörfer, 2000, 365).

Die genaue Darstellung des Tätigkeitsbereiches[99], dass bestätigt der Bundesgerichtshof in mehreren Urteilen, ist für eine Beurteilung der BU ausschlaggebend. Dazu müssen die Beschaffenheit des Arbeitsfeldes des Versicherten und die an ihn gestellten Anforderungen bekannt sein[100]. Die gesundheitliche Beeinträchtigung allein ermöglicht keine Aussage über den Grad der BU (vgl. zitiert nach BGH, 30.09.1992, BGH, 29.11.1995, BGH, 12.06.1996 in Müller-Frank, 2002, S. 27).

Der Berufsunfähigkeitsgrad wird von einem Berufskundler in der Leistungsabteilung der Versicherungsgesellschaft bestimmt. Dazu werden die beruflichen Anforderungen und das vorhandene Restleistungsvermögen beurteilt (vgl. Kurzendörfer, 2000, S. 366).

3.4.2. Die Verweisung

Wurde die BU in dem zuletzt ausgeübten Beruf festgestellt, ist nun zu prüfen, ob BU auch in einem möglichen Verweisungsberuf vorliegt. Inwiefern die Verweisung auf eine andere Tätigkeit zulässig ist, hängt davon ab, ob „die Tätigkeit der Ausbildung und Erfahrung des Versicherten und seiner bisherigen Lebensstellung[101] entspricht" (Kurzendörfer, 2000, S. 368). Das bedeutet, dass der Vergleichsberuf den Versicherten nicht über- oder unterfordern darf. Anstelle der Begriffe Ausbildung und Erfahrung wird oft das Begriffspaar Kenntnisse und Fähigkeiten synonym verwendet (vgl. Kurzendörfer, 2000, S. 368, 372; vgl. Müller-Frank, 2002, S. 54 f.).

---

[99] Eine Darstellung mit den Voraussetzungen, Tätigkeiten und Umständen, die einen Beruf prägen, befindet sich im Kapitel 7.9. „Der Beruf".
[100] Siehe hierzu Kapitel 7.10. „Merkmale des Berufes".
[101] Der Begriff Lebensstellung beinhaltet eine materielle und soziale Komponente. Dabei muss der Versicherungsnehmer einen gewissen Einkommensverlust im Rahmen der materiellen Komponente akzeptieren. Eine vorgeschriebene Grenze, bis zu der die Verweisung zumutbar ist, gibt es nicht. Einen Verlust von 30 % sieht die Rechtsprechung als akzeptabel an. Im Rahmen der sozialen Komponente darf im Verweisungsberuf das Ansehen und die Wertschätzung des Versicherten nicht geringer sein als im ursprünglichen Beruf des Versicherten (vgl. Kurzendörfer, 2000, S. 370 f.).

Abbildung 11: Die Verweisung

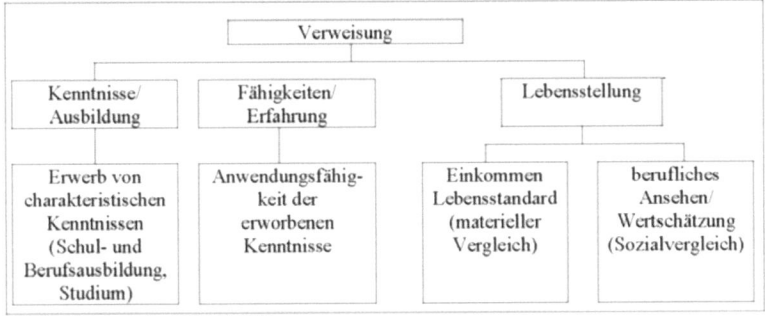

(Quelle: Kurzendörfer, 2000, S. 368.)

Die Prüfung der Verweisung erfolgt in zwei Schritten (siehe Abbildungen 11 und 12):

1. Wenn der Versicherte einen Beruf ausübt, ist vom Versicherer zu prüfen, ob der Versicherte darauf konkret verwiesen[102] werden kann.

2. Wenn der Versicherte keinen Beruf ausübt und auch nicht auf eine konkrete Tätigkeit verwiesen werden kann, ist eine mögliche abstrakte Verweisung[103] zu prüfen. D. h. es wird geprüft, welche anderen Tätigkeiten der Versicherte mittels seiner Kenntnisse und Fähigkeiten unter Berücksichtigung seines Gesundheitszustandes noch ausüben kann (vgl. Kurzendörfer, 2000, S. 369; vgl. Müller-Frank, 2002, S. 58 f.).

---

[102] Übt der Versicherte eine Tätigkeit aus, kann ihn der Versicherer konkret auf diese Tätigkeit verweisen (vgl. Kurzendörfer, 2000, S. 369).
[103] Bei der abstrakten Verweisung benennt der Versicherer alle Tätigkeiten, die die Kenntnisse und Fähigkeiten des Versicherten erfüllen und gesundheitlich zumutbar sind. Diese bilden den so genannten Verweisungsberuf, auf den der Versicherte abstrakt verwiesen werden kann (vgl. Müller-Frank, 2002, S. 58).

Abbildung 12: Abstrakte und konkrete Verweisung

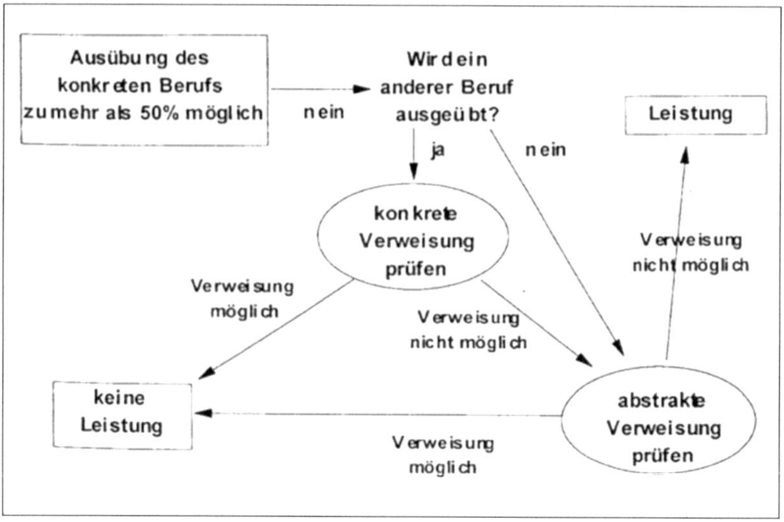

```
┌─────────────────────┐              Wird ein
│  Ausübung des       │         ──► anderer Beruf
│  konkreten Berufs   │  nein       ausgeübt?          ┌──────────┐
│  zu mehr als 50% möglich │                           │ Leistung │
└─────────────────────┘                                └──────────┘
                              ja        nein                ▲
                              ▼                             │
                        ╱ konkrete ╲
                       (  Verweisung )               ╱ Verweisung ╲
                        ╲  prüfen   ╱               (  nicht möglich )
          Verweisung                                 ╲             ╱
           möglich            Verweisung
                              nicht möglich
   ┌──────────┐                                      ╱ abstrakte ╲
   │  keine   │ ◄──────────────────────────────────(  Verweisung  )
   │ Leistung │           Verweisung                 ╲   prüfen  ╱
   └──────────┘            möglich
```

(Quelle: Kurzendörfer, 2000, S. 369.)

Der Versicherer muss alle prägenden Merkmale und konkreten Tätigkeiten des Verweisungsberufes detailliert darlegen[104]. Weigert sich hingegen der Versicherungsnehmer den Verweisungsberuf auszuüben, muss vom Versicherungsnehmer dargestellt werden, warum er die Verweisungstätigkeit nicht ausüben kann (vgl. Kurzendörfer, 2000, S. 372 f.).

Eine Vielzahl der Versicherer verzichtet auf die Anwendung der abstrakten Verweisung. In diesem Fall kann ein Versicherungsnehmer nur konkret auf eine Tätigkeit, die er ausübt, verwiesen werden (vgl. Müller-Frank, 2002, S. 59).

---

[104] Zu den Merkmalen gehören z. B. die erforderlichen Fähigkeiten mit den zugehörigen Vorbildungen, der Anteil des körperlichen Einsatzes und der Anteil des Einsatzes von technischen Hilfsmitteln sowie die gewöhnlichen Arbeitsbedingungen mit den zugehörigen Arbeitszeiten und Arbeitsverhältnissen (vgl. Kurzendörfer, 2000, S. 372).

3.4.3. Die Feststellung der Berufsunfähigkeit

Die Leistungsprüfung des Versicherer endet entweder mit der Anerkennung der Leistungspflicht bzw. mit der zeitlich befristeten Anerkennung der Leistung[105] oder mit der Ablehnung der Leistungspflicht (vgl. Kurzendörfer, 2000, S. 368, 377; vgl. Müller-Frank, 2002, S. 158). Die Entscheidungen sind in der folgenden Abbildung 13 dargestellt.

Abbildung 13: Die Entscheidung über Berufsunfähigkeit

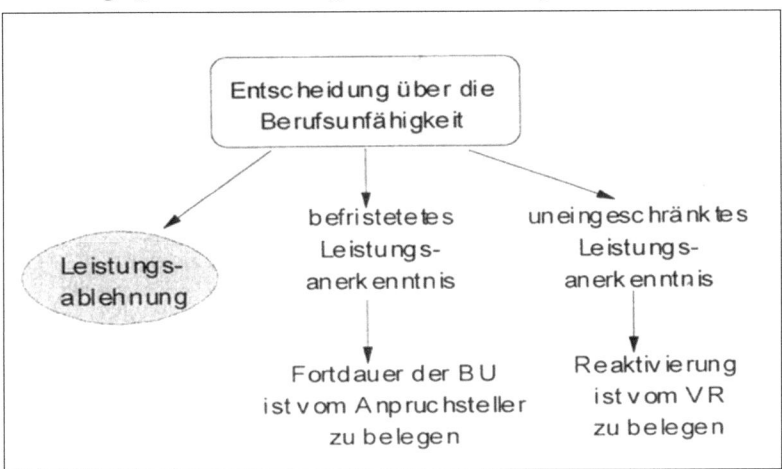

(Quelle: Kurzendörfer, 2000, S. 377.)

Der Versicherer kann den Grad der BU bei einer Veränderung des Gesundheitszustandes erneut bestimmen. Dafür kann einmal im Jahr eine ärztliche Untersuchung Anlass geben. Darüber hinaus ist der Versicherte zu Auskünften über seinen Gesundheitszustand verpflichtet. Der Versicherer kann die Leistung einstellen, wenn er eine Verbesserung des Gesundheitszustandes feststellt. Insbesondere wenn der Grad der BU unter die vereinbarte Leistungsgrenze (meist 50 %) fällt. Dies geschieht erst nach endgültiger Feststellung des reduzierten Berufsunfähigkeitsgrades (vgl. Kurzendörfer, 2000, S. 378; vgl. Müller-Frank, 2002, S. 182-184, 195).

Damit die Einstellung der Leistungspflicht rechtswirksam wird, muss diese dem Versicherungsnehmer mit einer Rechtsbelehrung schriftlich mit-

---

[105] Es kann dann die Frage der Verweisung geklärt oder zurückgestellt werden (vgl. Kurzendörfer, 2000, S. 368, 377).

geteilt werden. In diesem Schreiben des Versicherers müssen für den Versicherten nachvollziehbar die Gründe für die Leistungseinstellung dargelegt werden. Deshalb „gehören der Inhalt der Gutachten, auf denen die Leistungseinstellung baut, dem Anspruchssteller zugänglich zu machen [und] eine vergleichende Darstellung der Zustände zum Zeitpunkt der Leistungsanerkennung und dem der Leistungseinstellung" (Kurzendörfer, 2000, S. 379) zu den Bestandteilen der Mitteilung. Auf die vergleichende Darstellung darf nur bei eindeutigen und offensichtlichen Verbesserungen des Gesundheitszustandes verzichtet werden (vgl. Kurzendörfer, 2000, S. 379 f.; vgl. Müller-Frank, 2002, S. 196-199).

4. Gegenüberstellung der Leistungen bei Berufsunfähigkeit

4.1. Sinn und Zweck der Leistungen bei Berufsunfähigkeit

Eine private BU-Versicherung soll den sozialen und gesellschaftlichen Abstieg des Versicherten verhindern. Im Fall, dass das berufliche Leistungsvermögen weniger als die Hälfte beträgt, erhält der Versicherte eine Entschädigung für die Einkommensverluste (Rente). Die Rentenzahlung im Leistungsfall soll den Lebensunterhalt des Versicherten sicherstellen. Die Leistung der BU-Versicherung beinhaltet darüber hinaus die Beitragsfreistellung der Hauptversicherung. Aufgrund des verringerten Leistungsvermögens ist der Versicherte meist nicht mehr in der Lage die Beiträge dafür aufzubringen (vgl. Richter, 1987, S. 29 f.; vgl. Geuking, 1998, S. 1-3). Die GRV hingegen zahlt bei verminderter Erwerbsfähigkeit. Dabei ist die Rentenart vom verbliebenen Restleistungsvermögen des Versicherten abhängig. Die verminderte Erwerbsfähigkeit bedeutet meist einen Einkommensverlust für den Versicherten. Die Rentenzahlung nimmt somit eine Lohnausgleich- oder Lohnersatzfunktion ein. Denn der Versicherte ist mit seinem verbliebenen Leistungsvermögen in der Lage, einen Teil des Einkommens selbst zu erarbeiten. Das gilt vor allem für Versicherte, die die halbe EMR erhalten (vgl. Stichnoth/Wiechmann, 2001, S. 54).

4.2. Wie man zum Versicherten wird

Sobald eine Person eine abhängige Beschäftigung aufnimmt oder sich freiwillige in der gesetzlichen Rentenversicherung versichert, beginnen die Beitragszeiten beim entsprechenden Rentenversicherungsträger. Bei der privaten BU-Versicherung wird man zum Versicherten, wenn ein Vertrag über eine BU-Versicherung bei einer Versicherungsgesellschaft abgeschlossen wurde. Dazu erklärt der Interessent mittels Antrag, dass er gewillt ist, den Vertrag für eine BU-Versicherung abzuschließen. Wirksam wird der Antrag, indem der Versicherer dem Versicherungsnehmer (zuvor Interessent) die Versicherungspolice mit dem Versicherungsschein zusendet.[106]

4.3. Einfluss möglicher Vorerkrankungen auf den Vertragsabschluss

In der GRV sind versicherte Personen entweder pflichtversichert oder freiwillig versichert. Mögliche Erkrankungen sind dabei nicht relevant. Bei

---

[106] Vgl. www.acio.de/berufsunfaehigkeitsversicherung/grundlagen.htm, vom 27.10.2004.

der privaten BU-Versicherung hingegen haben Vorerkrankungen einen großen Einfluss auf den Vertragsabschluss. Sie wirken sich in einem Beitragszuschlag, einem Ausschluss oder der Ablehnung des Antrages aus. Die Auswirkungen hängen von der Art und Schwere der Erkrankung ab und werden im Rahmen der Risikoprüfung erhoben.

4.4. Die Rentenhöhe

Bei einer BU-Versicherung wird die Rentenhöhe bei Vertragsabschluss festgelegt. Wurde in diesem Zusammenhang eine Dynamik vereinbart, steigt die Rentenhöhe im Rahmen der Dynamik oder einer vereinbarten Nachversicherungsgarantie (vgl. Balodis, 2003, S. 51; vgl. o. V., 2001 a, S. 11). Die Rentenhöhe ist bei der gesetzlichen EMR aufgrund ihrer Abhängigkeit vom Verdienst des Versicherten ungewiss. Bei einer Bewilligung der Rente stieg diese bis 2003 einmal jährlich an (vgl. o. V., 2001 a, S. 10).

4.5. Darlegungs- und Beweispflicht

Im Sozialversicherungsrecht trägt der Versicherte das Beweisrisiko, weil er nachweisen muss, dass er die Leistungsvoraussetzungen erfüllt. Hingegen trägt der Rentenversicherer das Beweisrisiko bei Veränderungen zu Lasten des Versicherten. Dazu gehören Entziehungs- und Änderungsbescheide. Bei der privaten BU-Versicherung ist der Versicherte im Rahmen des Versicherungsfalls darlegungs- und beweispflichtig. Das bedeutet, er muss die Voraussetzungen für den Versicherungsfall genau darlegen und mittels eines ärztlichen Attestes beweisen. Darüber hinaus ist die berufliche Stellung darzulegen. Dazu sind die Kenntnisse und Fähigkeiten, die für die berufliche Tätigkeit notwendig sind, genau zu beschreiben. Diese Informationen werden bei der Beurteilung möglicher Verweisungstätigkeiten herangezogen. Lehnt der Versicherte den zugewiesenen Verweisungsberuf ab, hat er zu begründen, warum er diese Tätigkeit nicht ausüben kann. Er muss beweisen, dass die Tätigkeit nicht seiner Lebensstellung entspricht oder ihn gesundheitlich bzw. beruflich überfordert. Im Fall der Leistungsentziehung ist der Versicherer beweispflichtig. Er muss darlegen, warum er die Leistung einstellt (vgl. Richter, 1987, S. 323 f.; vgl. Majerski-Pahlen, 2002, S. 478; vgl. Geuking, 1998, S. 26 f.).

4.6. Die Bearbeitungszeit

Die Versicherungsgesellschaften haben in ihren Bedingungen verankert, wann eine Erklärung über den Leistungsfall abgegeben wird. Eine Vielzahl der Gesellschaften erklärt sich bereit, innerhalb von vier Wochen nach Erhalt aller erforderlichen Unterlagen die Erklärung abzugeben. Andere Unternehmen hingegen haben keine eindeutige Zeitspanne für die Abgabe der Erklärung vorgesehen oder sehen bspw. eine kürzere Zeitspanne (10 Tage) vor. Im Gegensatz dazu betragen die Bearbeitungszeiten der Erwerbsminderungsrenten zwischen 101 und 152 Tagen. Die Bearbeitung der vollen EMR dauert durchschnittlich 102 Tage, für die Bearbeitung der halben EMR werden durchschnittlich 148 Tage benötigt. Es kann unterstellt werden, dass das Restleistungsvermögen zwischen 3 und unter 6 Stunden täglich schwerer einzuschätzen ist, als ein Leistungsvermögen von unter 3 Stunden täglich. Darüber hinaus gehört in diese Gruppe die EMR bei BU für vor 1961 Geborene. Deshalb könnte die Prüfung des Hauptberufes und das Finden einer Verweisungstätigkeit Gründe für diesen Unterschied sein. Eine eindeutige Erklärung für die erhöhte Bearbeitungszeit gibt es nicht. Zwischen den alten und neuen Bundesländern unterscheiden sich die Bearbeitungszeiten nur marginal. (vgl. Moll/Stichnoth, 2003, S. 4).

4.7. Einfluss einer Pflegestufe auf die Rentenbewilligung

Die Versicherungsbedingungen einiger privater Versicherungsunternehmen enthalten einen erleichterten Nachweis der BU. Dazu gehört, dass der Versicherte in der Pflegestufe 1 der gesetzlichen Pflegeversicherung eingestuft ist. Ist diese Voraussetzung erfüllt, wird die private BUR automatisch gezahlt (vgl. Balodis, 2003, S. 83). Diesen vereinfachten Nachweis gibt es bei der gesetzlichen Rentenversicherung nicht. Es kann aber unterstellt werden, dass das Vorliegen einer hohen Pflegestufe mit einer Erwerbsminderung einhergeht. Dabei ist eine Einzelfallprüfung notwendig.

4.8. Der Leistungsfall

Beim Eintritt des Leistungsfalls sind zum Teil bei der staatlichen und privaten Versicherung die Probleme ähnlich. Die beauftragten Ärzte und Gutachter beurteilen eine Erkrankung unterschiedlich, so dass unterschiedliche Berufsunfähigkeitsgrade bzw. Restleistungsvermögen zustande kommen. Diese Unstimmigkeiten führen zu Verzögerungen und zum Teil zu Rechtsstreitigkeiten.[107]

In diesem Zusammenhang ist bei der gesetzlichen EMR die Frage nach dem Restleistungsvermögen und dem Arbeitsmarkt zu klären. Besitzt ein

---

[107] Vgl. www.daserste.de/plusminus/beitrag.asp?iid=251, vom 27.10.2004; vgl. o. V., 2005, S. 73.

Versicherter ein Restleistungsvermögen zwischen 3 und 6 Stunden täglich, hat er Anspruch auf die halbe EMR. In diesem Fall wird zusätzlich geprüft, inwieweit eine arbeitsmarktbedingte Rente gezahlt werden kann. Das ist der Fall, wenn der allgemeine Arbeitsmarkt für den Versicherten verschlossen ist. Dann erhält er anstelle der halben die volle EMR auf Zeit gewährt. Als Ausgleich zahlt die Arbeitsagentur einen Pauschalbeitrag pro Versicherten[108] an den jeweiligen Rentenversicherungsträger. Dieser Beitrag ist unabhängig vom tatsächlichen Rentenfall und ist in den meisten Fällen nicht kostendeckend. Deshalb sollte eine sachgerechte Kostenübernahme erfolgen. Das würde bedeuten, dass die Arbeitsagentur vollständig die Kosten der arbeitsmarktbedingten Renten übernehmen sollte. Denn ca. jede dritte Rente wegen EM wird aufgrund des verschlossenen Arbeitsmarktes gezahlt (vgl. Löschau, 2001, S. 84).

Bei der privaten BU-Versicherung finden neben der Ermittlung des Umfangs der Beeinträchtigung eine Prüfung der Verweisung und die Feststellung der BU statt. Darüber hinaus wird der Begriff BU hinsichtlich der oben genannten medizinischen, zeitlichen und berufsbezogenen Komponente beurteilt (vgl. Kurzendörfer, 2000, S. 359-380).

4.9. Hinzuverdienstmöglichkeiten

Die GRV erlaubt es dem Versicherten, in begrenztem Umfang hinzu zuverdienen. Dabei sind die vorgegebenen Grenzen zu beachten. Bei Überschreitung dieser wird die Rente anteilig gewährt. D. h. die volle Erwerbsminderungsrente wird abhängig vom Hinzuverdienst in voller Höhe, zu drei Viertel, zur Hälfte oder zu einem Viertel gezahlt. Die halbe Erwerbsminderungsrente hat die Abstufungen der Rentenzahlung in voller oder halber Höhe (vgl. Zechiel, 2001, S. 33). Im Rahmen der privaten BUR besteht die Möglichkeit des Hinzuverdiensten unter den Bedingungen, dass dies die Versicherungsbedingungen vorsehen und der Vertrag keine Verweisung enthält.

4.10. Die Problematik der so genannten „Raubbau-Arbeit"

Unter „Raubbau-Arbeit" wird die Ausübung einer beruflichen Tätigkeit über das vorhandene Leistungsvermögen des Versicherten hinaus verstanden. Diese beruflichen Tätigkeiten verursachen eine Gefährdung

---

[108] Die Arbeitsagentur zahlt den Ausgleich höchsten für die Dauer, für die sie den Bezug des Arbeitslosengeldes bewilligt hätte. Die Bezugsdauer der EMR überschreitet diesen Zeitraum jedoch in der Regel deutlich, deshalb wird nur ein geringer Anteil der Leistung ausgeglichen (vgl. Zechiel, 2001, S. 34; vgl. Löschau, 2001, S. 84).

bzw. Verschlechterung des gesundheitlichen Zustandes (vgl. Richter, 1987, S. 279).

In der GRV bleibt in diesem Fall der Rentenanspruch bestehen. Denn den Gegenstand der GRV bildet nicht das Einkommen oder die Fähigkeit eine Tätigkeit auszuüben, sondern inwieweit das Leistungsvermögen des Versicherten dies erlaubt. Wird jedoch die berufliche Tätigkeit auf Kosten der Gesundheit des Versicherten ausgeübt, kann sich eine Verschlechterung des Gesundheitszustandes einstellen. Deshalb ist der Rentenanspruch zu befürworten (vgl. Richter, 1987, S. 280).

In der privaten BU-Versicherung besteht ein Leistungsanspruch, wenn die berufliche Leistungsfähigkeit unter das in den Versicherungsbedingungen genannte Niveau gesunken ist. Bei der Pauschalregelung bedeutet das ein Leistungsvermögen von mindestens 50 %. Die Ausübung einer beruflichen Tätigkeit im eigenem oder einem anderen Beruf des Versicherten widerspricht nicht dem Versicherungsfall. Gibt die ausgeübte Tätigkeit Anlass zur Annahme, dass die berufliche Leistungsfähigkeit über dem in den Versicherungsbedingungen verankerten Niveau liegt, kann die Rentenzahlung eingestellt werden (vgl. Richter, 1987, S. 286).

4.11. Die Dauer der Leistung

Die Rente wegen EM sowie die private BUR wird jeweils befristet gewährt. Der Anspruch auf die Rente besteht, solange die Voraussetzungen dafür erfüllt sind. Der Gesundheitszustand wird von der Versicherungsgesellschaft und dem Rentenversicherungsträger in regelmäßigen Abständen auf Besserung geprüft. Dazu dürfen die Versicherungsgesellschaften einmal im Jahr eine ärztliche Untersuchung zur Prüfung des Gesundheitszustandes durchführen. Die Zahlung der privaten BUR wird eingestellt, wenn der Grad der Berufsunfähigkeit unter die vereinbarte Grenze fällt, die vereinbarte Leistungsdauer endet oder die versicherte Person stirbt.

Die GRV bewilligt die EMR überwiegend zeitlich befristet auf drei Jahre. Unbefristete Renten werden bewilligt, wenn dauerhaft eine Unfähigkeit zur Erwerbstätigkeit vorliegt. Man versteht unter *dauerhaft* einen Zeitraum vom mehr als sechs Monaten. Die Befristung der Rente hat Einfluss auf den Beginn der Leistung. D. h. bei unbefristeten Renten beginnt die Rentenzahlung mit dem Vorliegen der Anspruchsvoraussetzungen. Hingegen beginnt die Rentenzahlung bei befristen Renten erst ab dem siebenten Monat, nachdem die Voraussetzungen für die EM vorliegen.[109] In

---

[109] Dazu muss ein Antrag für die Rente wegen verminderter Erwerbsfähigkeit gestellt werden (vgl. Glombik, 2001, S. 23 f.).

diesem Fall zahlt die Krankenkasse bis zum siebenten Monat Krankengeld (vgl. Majerski-Pahlen, 2002, S. 475; vgl. Glombik, 2001, S. 23 f.; vgl. Löschau, 2001, S. 84).

Der Rentenversicherungsträger verlängert die Befristung der Rente aus medizinischen Gründen um weitere 3 Jahre, wenn in dieser Zeit keine Besserung eingetreten ist. Danach kann die Befristung noch einmal aus medizinischen Gründen verlängert werden. Ist dann immer noch keine Besserung eingetreten, wird die Rente nach 9 Jahren Befristung auf Dauer gewährt. Längstens jedoch wird die EMR bis zum 65.Lebensjahr gezahlt. Danach erhält der Versicherte die Altersrente[110] (vgl. Zechiel, 2001, S. 28).

Im Gegensatz dazu bleiben arbeitsmarktbedingte Renten immer befristet, denn der Rentenbezieher besitzt ein Restleistungsvermögen zwischen drei und sechs Stunden täglich. Die volle Rentenzahlung erhält der Rentner nur, bei einem verschlossen Arbeitsmarkt. Das könnte sich im Laufe der Zeit ändern, deshalb bleiben diese Renten auch weiterhin befristet. Die Rente kann auf Dauer gewährt werden, wenn sich der Gesundheitszustand des Rentners verschlechtert. Entscheidend ist immer der Gesundheitszustand des Versicherten. Die Abbildung 14 verdeutlicht noch einmal den Unterschied zwischen medizinisch begründeter und arbeitsmarktbedingter Rente.

Abbildung 14: Dauer der Befristung bei der Rente aus medizinischen Gründen und arbeitsmarktbedingten Renten

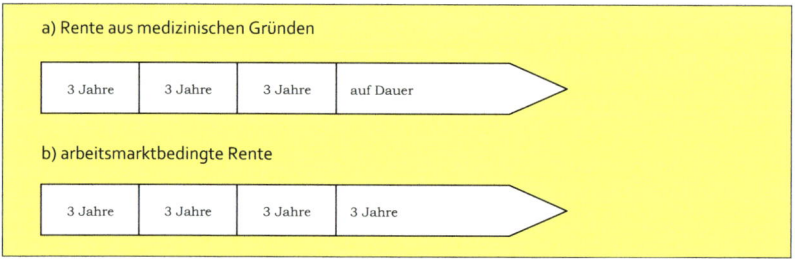

---

[110] Die EMR, BUR und EUR werden bis zum Alter von 65 gewährt, danach wird die Rente automatisch in eine Altersrente umgewandelt (§ 115 Abs. 3 SGB VI). Für die Berechnung der Altersrente muss immer das aktuell geltende Rentenrecht verwendet werden. Das bedeutet oft eine Verschlechterung für den Versicherten. Damit dieser aufgrund seiner Beeinträchtigung nicht benachteiligt wird, gibt es den Besitzschutz, d. h. die höhere Rente wird gezahlt. So dass in ca. 90 % der Fälle die alte Rente als Altersrente weitergezahlt wird (vgl. Zechiel, 2001, S. 28).

4.12. Die Wiedererlangung der beruflichen Leistungsfähigkeit und ihre Folgen

Die Rente wegen EM wird entzogen, wenn sich der Gesundheitszustand des Versicherten so weit bessert, dass er mehr als sechs Stunden täglich einer Beschäftigung nachgehen kann. Diese Besserung des Gesundheitszustandes ist mittels eines medizinischen Sachverständigengutachtens zu belegen. Das Gutachten muss die veränderten Befunde, die gesundheitliche Besserung und den daraus resultierenden Einfluss auf die Erwerbstätigkeit beinhalten. Darüber hinaus wird die Rente entzogen, wenn der Versicherte sich neue Kenntnisse und Fähigkeiten angeeignet hat, die es dem Versicherten ermöglichen, seinen oder einen anderen Beruf erfolgreich auszuüben. Dabei spielt es keine Rolle, ob die Kenntnisse und Fähigkeiten durch eigenes Bemühen oder aufgrund öffentlicher Förderung erlangt wurden. Weiterhin erlaubt es § 102 Abs. 2a SGB VI, dass die EMR befristet gewährt wird, wenn sich der Versicherte in einer Rehabilitationsmaßnahme befindet. Die Rente wird mit Beendigung der Maßnahme eingestellt (vgl. Richter, 1987, S. 309 f.; vgl. Majerski-Pahlen, 2002, S. 478).

Bei der privaten BU-Versicherung wird im Unterschied dazu der Leistungsbescheid entzogen, wenn die Leistungsvoraussetzungen für die BUR nicht mehr erfüllt sind. Diese sind in den Versicherungsbedingungen verankert. Weiterhin ist der Versicherer berechtigt, den Grad der BU zu überprüfen. Er ist berechtigt, auf seine Kosten sachdienliche Auskünfte und medizinische Untersuchungen[111] anzuordnen. Darüber hinaus kann eine versicherte Person auf neu erworbene Kenntnisse und Fähigkeiten verwiesen werden, wenn das die Versicherungsbedingungen vorsehen. Dabei ist jedoch zu beachten, dass die Kenntnisse und Fähigkeiten tatsächlich erworben wurden und der Lebensstellung entsprechen. Ansonsten wäre es möglich, dass die Verweisung auf diese neue Tätigkeit scheitert. Mit der Verweisung endet die Leistungspflicht des Versicherers. Die Möglichkeit der Verweisung auf die ausgeübte Tätigkeit und die „Raubbau-Arbeit" wird von der Versicherungsgesellschaft in diesem Rahmen ebenfalls geprüft (vgl. Richter, 1987, S. 316, 319 f.; vgl. Kurzendörfer, 2000, S. 378 f.).

---

[111] Die ärztliche Untersuchung kann einmal im Jahr auf Kosten des Versicherers von einem beauftragten Arzt durchgeführt werden (vgl. Richter, 1987, S. 316).

4.13. Schließen einer Versorgungslücke

Viele Personen können ihre Versorgungslücke[112], die durch den Verlust des Einkommens entsteht und nicht durch die gesetzliche Rentenzahlung allein gefüllt wird, mittels einer privaten BU-Versicherung reduzieren bzw. schließen. Deshalb empfehlen Experten, die private BU-Versicherung so zeitig wie möglich abzuschließen. Dennoch erhält nicht jeder Interessent einer BU-Versicherung den gewünschten Versicherungsschutz. Die persönlichen Merkmale wie Alter, Beruf und besonders mögliche Vorerkrankungen beeinflussen den Vertragsabschluss. Vor allem alte und/oder kranke Personen bzw. Personen mit Risikoberufen werden oft mit Beitragszuschlägen, Ausschlüssen oder Ablehnung des Vertrages bestraft. Der Versicherungsschutz könnte für den Interessenten eine große Belastung darstellen. Das würde im Einzelfall bedeuten, dass der Versicherungsschutz finanziell nicht tragbar ist. Dieses Vorgehen der Versicherungsgesellschaften trifft vor allem jene Personen, die aufgrund ihrer Tätigkeit den Versicherungsschutz am ehesten benötigen. Deshalb sollte diese Personengruppe versuchen, den Versicherungsschutz mit Hilfe eines Gruppenvertrages zu erlangen (vgl. Balodis, 2003, S. 45 f.).

---

[112] Die Versorgungslücke wird bestimmt, indem vom Nettoeinkommen die gesetzlichen Leistungen sowie mögliche Leistungen einer betrieblichen Altersvorsorge abgezogen werden. Existieren daneben weitere Einkünfte (z. B. Mieteinnahmen, Kapitalerträge) werden diese ebenfalls subtrahiert und ergeben die Versorgungslücke. Diese Differenz sollte mittels einer privaten BU-Versicherung abgesichert werden (vgl. www.zdf.de/ZDFde/inhalt/8/0,1872, 2103368,00.html, vom 26.10.2004).

5. Alternativen zur Berufsunfähigkeitsversicherung

Besteht nicht die Möglichkeit, eine BU-Versicherung abzuschließen, gibt es Alternativen. Sie ersetzen den Schutz einer BU-Versicherung nicht, bilden jedoch punktuell einen guten Versicherungsschutz. Einige Interessenten erhalten aus gesundheitlichen Gründen keinen Vertrag für eine BU-Versicherung oder sie können die Beiträge für eine ausreichende Absicherung nicht aufbringen. Für diesen Personenkreis gibt es die nachfolgenden Absicherungsmöglichkeiten als Alternative zur BU-Versicherung. Es ist zu berücksichtigen: Die Alternativen zur BU-Versicherung bieten einen unvollständigen Versicherungsschutz für den Fall der BU und können den vollständigen Versicherungsschutz einer BU-Versicherung nicht ersetzen (vgl. Stumpf/Mlodzik, 2003, S. 34; vgl. Balodis, 2003, S. 124).

5.1. Erwerbsunfähigkeitsversicherung

Die EU-Versicherung ist in der Regel ebenso wie die BU-Versicherung an einen Lebensversicherungsvertrag gekoppelt. Sie leistet, wenn der Versicherte aus gesundheitlichen Gründen keine Tätigkeit mehr ausüben kann. Im Gegensatz zur BU-Versicherung, wo die zuletzt ausgeübte Tätigkeit relevant ist, darf der Versicherte über ein unrelevantes Restleistungsvermögen (ca. ein bis zwei Stunden pro Tag) verfügen. Dabei wird das Vorliegen von erheblichen Behinderungen oder Erkrankungen für den Leistungsfall verlangt. Die EU-Versicherung kann von Interessenten, die aus gesundheitlichen Gründen von einer BU-Versicherung ausgeschlossen sind bzw. die einen risikoreichen Beruf ausüben, dennoch als Alternative angesehen werden (vgl. Balodis, 2003, S. 124 f.; vgl. Stumpf/Mlodzik, 2003, S. 34 f.).

5.2. Temporäre Berufsunfähigkeitsversicherung

Thorsten Keil[113] regte die Entwicklung einer temporären BU-Versicherung an. In ihr werden die Vorteile der privaten BU-Versicherung und der privaten EU-Versicherung kombiniert. Somit bietet die Versicherung Schutz gegen die finanziellen Folgen der EU, in dem im Leistungsfall eine EUR gezahlt wird. Darüber hinaus besteht im Versicherungszeitraum ein temporärer Schutz für den Fall der 50%igen BU. Dann wird für 2 bzw. 3 Jahre[114] eine BUR gewährt. Mit Beendigung des Leistungsfalls bei BU bleibt

---

[113] Thorsten Keil schrieb im Magazin Versicherungswirtschaft 17/2001 einen Artikel mit neuen Denkansätzen zur BU.
[114] Anstelle einer 2 bzw. 3 jährigen BUR kann auch eine andere Dauer der Rentenzahlung gewählt werden (vgl. Keil, 2001, S. 1423).

ausschließlich der Versicherungsschutz bei EU erhalten. Durch die zeitliche Befristung der Versicherung zwingt sie den Versicherten, in dieser Zeit sein Leben neu zu organisieren. Das können Rehabilitationsmaßnahmen oder Umschulungsmaßnahmen sein. Zeigen diese Maßnahmen keine Wirkung, bleibt dem Versicherten der EU-Schutz mit einer Rentenzahlung. Ziel dieser Versicherung ist die Reintegration des Versicherten ins Berufsleben (vgl. Keil, 2001, S. 1422 f.).

5.3. Unfallversicherung bzw. Unfallrentenversicherung

Eine BU wird in ca. 10 % der Fälle durch einen Unfall verursacht. Deshalb bietet eine Unfallversicherung[115] lediglich einen begrenzten Schutz für den Fall der BU. Sie leistet nicht bei Krankheiten, sondern nur bei Beeinträchtigungen die durch einen Unfall herbeigeführt wurden. Trotzdem kann eine Unfallversicherung eine Alternative zur BU-Versicherung sein, wenn der Interessent über schwerwiegende Vorerkrankungen verfügt und/oder einen Risikoberuf ausübt. Bei der Beantragung einer Unfallversicherung werden nur einige allgemeine Gesundheitsfragen gestellt. Vor allem für Hausfrauen und Hausmänner, die nur einen eingeschränkten Berufsunfähigkeitsschutz abschließen können, bietet die Unfallversicherung eine Alternative (vgl. Stumpf/Mlodzik, 2003, S. 35 f.; vgl. Balodis, 2003, S. 128).

5.4. Grundfähigkeitsversicherung

In einer Grundfähigkeitsversicherung[116] sind bestimmte Körperfunktionen versichert. Diese sind in einer Liste eingeteilt. Bei Verlust der entsprechenden Fähigkeit bzw. der entsprechenden Fähigkeiten wird eine vereinbarte Rente gezahlt. Dabei wird in zwei Kategorien unterschieden. Der Wegfall einer Fähigkeit (z. B. die Fähigkeiten Sehen, Sprechen oder der Gebrauch der Hände) in der Kategorie A führt zum Leistungsanspruch. Die Kategorie B umfasst unter anderem Hören, Gehen, Treppensteigen,

---

[115] Der Beitrag für eine Unfallversicherung hängt vom Tarif ab. Dabei wird z. B. in lineare und progressive Tarife unterschieden. Progressionstarife haben den Vorteil, dass sie bei kleinen Beeinträchtigungen eine geringe und bei großen Beeinträchtigungen eine überproportionale Leistung erbringen. Der Leistungsumfang hängt vom Grad der Invalidität ab und dieser wird mit Hilfe der Gliedertaxe bestimmt. In der Gliedertaxe sind die möglichen Beeinträchtigungen mit den zugehörigen Invaliditätsgraden (z. B. Verlust des Zeigefingers 10 %) aufgeführt (vgl. Balodis, 2003, S. 128 f.)

[116] Es gibt bisher nur eine begrenzte Anzahl von Anbietern einer Grundfähigkeitsversicherung (vgl. Balodis, 2003, S. 127).

Sitzen und Stehen.[117] In dieser Kategorie müssen mindestens drei Fähigkeiten wegfallen, damit ein Leistungsanspruch besteht. Verliert ein Versicherter eine nicht gelistete Fähigkeit, hat er keinen Anspruch auf eine Rente. Der Vorteil dieser Versicherung ist, dass die Rentenzahlung unabhängig von einer Erwerbstätigkeit des Versicherten ist und somit nicht als Ersatz des beruflichen Einkommens gilt (vgl. Stumpf/Mlodzik, 2003, S. 36; vgl. Balodis, 2003, S. 127 f.; vgl. o. V., 2001 b, S. 654).

5.5. Dread-Disease-Versicherung[118]

Die Versicherung leistet, wenn der Versicherte unter einer bestimmten explizit im Vertrag verankerten Erkrankungen[119] leidet. Der Grad der BU oder EU ist völlig irrelevant. Deshalb spielt eine Prüfung der Zumutbarkeit und Verweisung keine Rolle. Ebenso ist es nicht relevant, ob eine berufliche Tätigkeit ausgeübt wird. Allein das Vorliegen der explizit genannten Erkrankungen ist Voraussetzung für den Leistungsanspruch. Aus diesem Grund ist die Dread-Disease-Versicherung als Alternative für Interessenten einer BU-Versicherung möglich, die keine BU-Versicherung abschließen können. Darüber hinaus wird Interessenten mit Vorerkrankungen der Vertrag verwehrt, weil die gesundheitliche Risikoprüfung genauso umfassend wie bei der BU-Versicherung ist (vgl. Stumpf/Mlodzik, 2003, S. 36; vgl. Balodis, 2003, S. 125-127).

---

[117] Darüber hinaus gehören die Fähigkeiten Knien, Greifen, die Arme bewegen, Heben und Tragen ebenso Auto fahren in die Kategorie B (vgl. Balodis, 2003, S. 127 f.).
[118] Dread-Disease bedeutet furchtbares Leiden. Diese Übersetzung spiegelt gut das Wesen der Versicherung wider (vgl. Stumpf/Mlodzik, 2003, S. 36; vgl. Balodis, 2003, S. 125-127).
[119] Versichert sind z. B. die nachfolgenden Erkrankungen: Schlaganfall, Krebs, Herzinfarkt, Nierenversagen, Multiple Sklerose, Bypass-Operation, Alzheimer, HIV-Infektion, Parkinson, Blindheit, Lähmung, Koma, schwere Verbrennungen aber auch der Verlust von Gliedmaßen (vgl. Balodis, 2003, S. 125 f.).

6. Fazit

In der gesetzlichen Rentenversicherung wurde der Begriff Berufsunfähigkeit 2001 weitgehend durch den Begriff der Erwerbsminderung ersetzt. Der Begriff EM ist dabei weiter gefasst als der Begriff BU bei den privaten Versicherungsunternehmen, weil der Staat nur die Leistungsfähigkeit des Versicherten in die Beurteilung einbezieht. Im Gegensatz dazu beurteilen private Versicherer die beruflichen Tätigkeiten bzw. erworbenen Kenntnisse des Versicherten.

Bei der Reform der Renten wegen verminderter Erwerbsfähigkeit bestand bei den Vertretern der Wirtschaft und Politik Einigkeit darüber, dass das duale System der Renten wegen BU und EU in ein zweistufiges System der EMR umgewandelt werden musste. Gründe für die Gesetzesänderung waren die Gleichbehandlung aller Versicherten, die sachliche Verteilung des Arbeitsmarktrisikos, die Stärkung des Grundsatzes „Rehabilitation vor Rente", allgemeine Kostensenkung durch weniger Rentenbewilligungen und eine Senkung der Rentenbeträge. Die Reform übertrug einen Teil des Arbeitsmarktrisikos an die Arbeitsagentur. Dieser erste Schritt könnte in einer späteren Reform dahingehend geändert werden, dass die Arbeitsagentur vollständig das Arbeitsmarktrisiko übernimmt, somit die gesetzliche Rentenversicherung entlastet und nicht nur einen pauschalen Betrag leistet.

Die staatlichen Leistungen bei der BU sind in der Regel deutlich geringer als das vorherige Einkommen. Das ist darin begründet, dass sich die Formel für die Rentenberechnung, die zugehörigen Faktoren und Anrechnungszeiten ständig verändern. Die Wirkung zeigt sich in einer Reduzierung der Rentenhöhe. Damit die Versorgungslücke geschlossen bzw. reduziert wird, empfehlen Experten den Abschluss einer privaten Berufsunfähigkeitsversicherung. Private Berufsunfähigkeitsversicherungen dürfen ausschließlich von Lebensversicherungsgesellschaften angeboten werden. Hierbei wird in selbständige Berufsunfähigkeitsversicherungen und der Kombination einer Risikolebensversicherung, Kapitallebensversicherung oder Rentenversicherung mit einer BUZ unterschieden. Die selbständige BU-Versicherung oder die Kombination mit einer Risikolebensversichersicherung sind zu bevorzugen.

Die Beantragung einer privaten Berufsunfähigkeitsversicherung sollte beim Interessenten in drei Schritten erfolgen. Da Versicherungsunternehmen junge und gesunde Interessenten mit risikoarmen Berufen und Hobbys präferieren, sollte die Beantragung mit dem Erkennen der persönlichen Merkmale und möglichen Vorerkrankungen beginnen. Liegt ein risikoreicher Beruf vor und/oder sind Erkrankungen vorhanden, kann von der Versicherungsgesellschaft ein Beitragszuschlag, ein Ausschluss oder die Ablehnung des Antrages erfolgen. Das Beurteilen der persönlichen Merkmale verdeutlicht dem Interessenten, ob er mit einer erschwerten Annahme oder gar der Ablehnung des Vertrages rechnen muss. Für diese Entscheidung sind Informationen zur Risikoprüfung im Unternehmen hilfreich. Sie sind jedoch in der Regel nicht verfügbar, obwohl sie den Interessenten auf die Entscheidung der Versicherungsgesellschaft vorbereiten kann. Darüber hinaus helfen diese Informationen bei der Wahl der Versicherungsgesellschaft. Im zweiten Schritt sollte sich der Interessent mit der Gestaltung des Vertrages befassen. Ebenso ist das Überschusssystem zu bestimmen. Hierbei ist die Beitragsverrechnung zu empfehlen, weil sich dadurch der Beitrag um die Überschüsse reduziert. Weiterhin sollte der Vertrag eine Dynamik und ggf. eine Nachversicherungsgarantie enthalten, damit die Rentenhöhe an das steigende Einkommen angepasst werden kann. Darüber hinaus sollte die Pauschalregelung anstatt der Staffelregelung vereinbart werden, damit der Versicherte ab 50 % BU die volle Rente erhält. Im Anschluss daran werden die Versicherungsbedingungen geprüft. Dabei sollte auf die Verbraucherfreundlichkeit der Bedingungen geachtet werden. Dazu gehört z. B. der Verzicht auf die abstrakte Verweisung, die Begrenzung des Prognosezeitraumes auf sechs Monate, die rückwirkende Anerkennung des Eintritts der BU oder die zinslose Beitragsstundung während der Leistungsprüfung. Daneben ist festzustellen, dass vor allem Versicherungen, die faire und kundenfreundliche Bedingungen anbieten, bei der Auswahl ihrer Versicherungsnehmer sehr wählerisch sind. Für Interessenten, die über Vorerkrankungen oder risikoreiche Berufe verfügen, bedeutet das, dass sie mehrere Anträge stellen und auch Kompromisse beim Versicherungsschutz hinnehmen müssen. Welche Kompromisse beim Versicherungsschutz eingegangen werden, hängt neben der Erkrankung oder dem Beruf vom Engagement des Interessenten am Versicherungsschutz ab.

Der Vertrag für eine Berufsunfähigkeitsversicherung läuft bis zum Eintritt des Leistungsfalls. Dieser muss der Gesellschaft mit den notwendigen Unterlagen gemeldet werden. Dabei wird der Begriff BU von der Gesellschaft hinsichtlich der medizinischen, zeitlichen und berufsbezogenen Komponente untersucht. Im Anschluss werden die Verweisungsmöglichkeiten[120] geprüft. Daneben müssen die Kenntnisse und Fähigkeiten ebenso wie die Lebensstellung des Versicherten berücksichtigt werden. Die Leistungsprüfung endet mit der Feststellung der BU. Hierbei sind folgende Ergebnisse möglich: Die BU wird anerkannt, sie wird zeitlich befristet

---

[120] Die Verweisung kann konkret oder abstrakt erfolgen.

anerkannt oder sie wird abgelehnt. Nach der Anerkennung der Leistungspflicht hat der Versicherer einmal im Jahr das Recht auf eine Untersuchung des Gesundheitszustandes durch einen beauftragten Arzt. Anhand dieser Informationen und denen, die er vom Versicherten persönlich erhält, überprüft er den Grad der BU und somit die Leistungspflicht.

Die Gegenüberstellung der staatlichen und privaten Leistungen bei BU hat gezeigt, dass es eine Vielzahl von Gemeinsamkeiten, aber auch Unterschieden zwischen beiden Systemen existieren. Gerade diese Unterschiede ermöglichen es der privaten BU-Versicherung, die Versorgungslücke der GRV zu schließen. Das zeigt sich deutlich an der Rentenhöhe. Diese kann bei Vertragsabschluss vom Versicherungsnehmer bestimmt werden und ist somit vertraglich festgelegt. Bei einer privaten BU-Versicherung steigt die Rente mittels der vereinbarten Dynamik jährlich im Rahmen der Dynamisierung. Im Gegensatz dazu ist die Höhe der staatlichen EMR abhängig vom Verdienst, der innerhalb des gesamten Berufslebens erworben wurde, und ist demzufolge für den Versicherten ungewiss. Die staatlichen Leistungen sind als Grundsicherung anzusehen. Die dargestellte Versorgungslücke lässt sich in der Regel mit einer privaten Berufsunfähigkeitsversicherung schließen. Denn die private BUR stellt eine gute Ergänzung zu den staatlichen Leistungen dar. Als problematisch wird hingegen angesehen, dass nicht jeder Interessent einer BU-Versicherung einen Vertrag bekommt, weil die persönlichen Merkmale dies verhindern. Dennoch sollten Interessenten sich um den Versicherungsschutz bemühen, denn die Arbeitskraft ist wertvoll und bedarf einer Absicherung. Oft wird die Absicherung der eigenen Arbeitskraft von vielen Menschen unterschätzt oder erst als wichtig erachtet, wenn erste Beeinträchtigungen eingetreten sind. In diesem Fall ist der Schutz bei BU kaum noch möglich und der Interessent muss auf Alternativen zurückgreifen.

Diese Alternativen bieten jeweils nur für einen begrenzten Bereich Versicherungsschutz. Dabei ist die Leistungsfallbestimmung bei der Grundfähigkeitsversicherung und Dread-Disease-Versicherung einfach und unkompliziert. Es handelt sich um bestimmte Fähigkeiten bzw. Erkrankungen. Der Abschluss einer dieser Versicherungen als direkte Alternative zur BU-Versicherung ist nicht zu empfehlen, weil die Wahrscheinlichkeit gering ist, genau an einer der benannten Erkrankungen zu leiden bzw. eine bestimmte Fähigkeit zu verlieren. Bessere Alternativen stellen hingegen die EU-Versicherung, die temporäre BU-Versicherung und die Unfallversicherung dar. Vor allem die Unfallversicherung ist eine sinnvolle Alternative. Sie umfasst den Bereich der Beeinträchtigungen, die durch einen Unfall verursacht wurden. Die EU-Versicherung stellt im Vergleich dazu eine bessere Alternative zur BU-Versicherung dar. Hier werden im Leistungsfall strengere Kriterien zur Beurteilung herangezogen als bei einer BU-Versicherung. Bei der EU ist das Leistungsvermögen des Versicherten so weit herabgesunken, dass er nicht mehr in der Lage ist, eine Tätigkeit zu Erwerbszwecken auszuüben. Die beste aller Alternativen stellt die temporäre BU-Versicherung dar. Sie kombiniert das Risiko der BU sowie der EU in einem Vertrag. Das bedeutet, bessert sich der Gesundheitszustand des Versicherten trotz aller Bemühungen nicht, wird das finanzielle Risiko mit der EUR aufgefangen. Diese Versicherung wird jedoch von sehr wenigen Gesellschaften angeboten, so dass vielen Interessenten nur die zuvor erläuterten Alternativen zur Auswahl stehen.

Jeder sollte, wenn er in die Zukunft schaut, die Absicherung der Arbeitskraft nicht außer Acht lassen. Dabei sollte die Absicherung der Arbeitskraft jedem ebenso bewusst sein wie die private Vorsorge fürs Alter. Die staatlichen Leistungen sind als Grundversorgung anzusehen, wenn das Rentenniveaus langfristig weiter gesenkt wird. Ebenso wurden die staatlichen Leistungen seit 2004 nicht mehr erhöht. Indirekt fand sogar eine Reduzierung der Rente statt, da die Beiträge zur Kranken- und Pflegeversicherung für die Rentner erhöht wurden. Damit wird die Absicherung gegen das Risiko BU zunehmend auf die Bürger übertragen. Deshalb ist zu empfehlen, dass jeder zur Aufrechterhaltung seines Lebensstandards privat vorsorgt. Es wäre wünschenswert, wenn die betriebliche und private Altersvorsorge stärker staatlich gefördert werden. Der Handlungsbedarf zur Vorsorge ist wichtig, weil Personen, die diese staatlichen Förderungen nutzen, später vom Staat keine Leistungen der Grundsicherung oder Sozialhilfe beantragen müssen. Die Förderungen sollten darüber hinaus auf Verträge zur Absicherung der Arbeitskraft ausgeweitet werden. Das würde viele Bürger zum Abschluss einer BU-Versicherung animieren und die Notwendigkeit verdeutlichen. Erste Schritte in Richtung Förderung der privaten Vorsorge hat die Bundesregierung mit der Förderung der Riesterrente für die private Altersvorsorge getan. Mit der Einführung des Alterseinkünftegesetzes 2005 folgte ein weiterer Schritt. Daneben könnten die Versicherungsbedingungen für die Versicherungsnehmer verständlicher und eindeutiger formuliert werden.

Wünschenswert ist es darüber hinaus, wenn es allgemein anerkannte und nachvollziehbare Beurteilungskriterien für die Feststellung der Leistungsfähigkeit bzw. der Berufsunfähigkeit der GRV sowie der Versicherungsgesellschaften gäbe. Dadurch könnte die Leistungsbewilligung schneller erfolgen und somit die Rentenzahlung eher beginnen. Zusätzlich könnten sich die Rechtsstreitigkeiten verringern, die vom Versicherten als nicht gerechtfertigte Leistungsverweigerungen angesehen werden.

7. Anhang

7.1. Häufige Ursachen für den Ausstieg aus dem Berufsleben bei Frauen und Männern

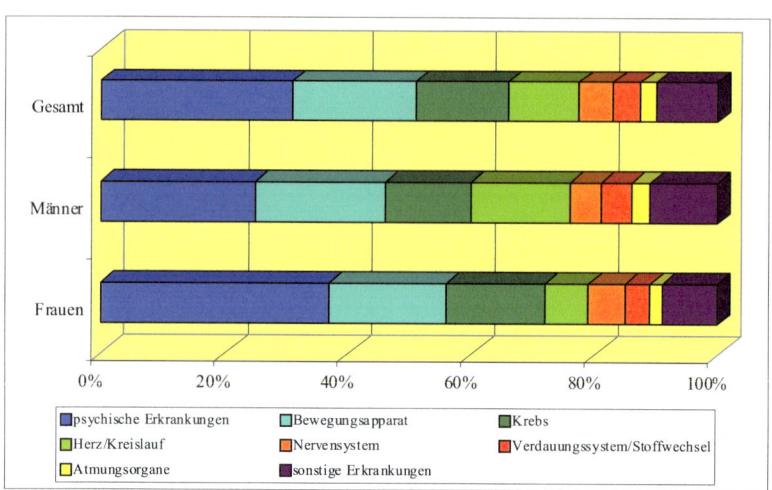

7.2. Beispiel einer Rentenberechnung

Eine Versicherungsdauer eines Durchschnittsverdieners von 40 Jahren ergibt demnach vom 01.07.2003 bis 30.06.2004 aus 40 Entgeltpunkten und einem maßgebenden Zugangsfaktor von 1,0 eine

- Rente wegen teilweiser Erwerbsminderung von
- 40 persönliche Entgeltpunkte x 0,5 x 26,13 € = <u>522,60 €</u>
- oder
- Rente wegen voller Erwerbsminderung von
- 40 persönliche Entgeltpunkte x 1,0 x 26,13 € = <u>1.045,20 €</u>.

(Quelle: Informationsmaterial 5 der BfA, 2003, S. 30 f.)

7.3. Beispiele für individuelle Hinzuverdienstgrenzen

Beispiel 1

Herr X (25) aus Bonn verdient in den letzten drei Jahren vor Eintritt seiner Erwerbsminderung den Durchschnittsverdienst, derzeit monatlich 2.464,08 €. Er bekommt eine Rente von 984,44 €.

Verdient er bis 345,00 € brutto hinzu, beträgt seine Rente	984,44 €
bis 1.222,88 €	783,33 €
bis 1.622,67 €	492,22 €
bis 2.022,46 €	246,11 €
mehr als 2.022,46 €	0,00 €

Beispiel 2

Herr Y (25) aus Leipzig verdient in den letzten drei Jahren vor Eintritt seiner Erwerbsminderung den Durchschnittsverdienst, derzeit monatlich 2.073,27 €. Er bekommt eine Rente von 865,39 €.

Verdient er bis 345,00 € brutto hinzu, beträgt seine Rente	865,39 €
bis 1.075,00 €	649,04 €
bis 1.426,44 €	432,70 €
bis 1.777,88 €	216,35 €
mehr als 1.777,88 €	0,00 €

Beispiel 3

Frau W (45) aus Mainz verdient in den letzten drei Jahren vor Eintritt ihrer Erwerbsminderung das 1,7fache des Durchschnittsverdienst, derzeit monatlich 4.188,94 €. Sie bekommt eine Rente von 1.356,34 €.

Verdient sie bis 345,00 € brutto hinzu, beträgt ihre Rente	1.356,34 €
bis 2.078,90 €	1.017,26 €
bis 2.758,54 €	678,17 €
bis 3.438,19 €	339,09 €
mehr als 3.438,19 €	0,00 €

Beispiel 4

Frau Z aus Rostock verdient in den letzten drei Jahren vor Eintritt ihrer Erwerbsminderung das 1,3fache des Durchschnittsverdienst, derzeit monatlich 2.695,25 €. Sie bekommt eine Rente von 1.111,51 €.

Verdient sie bis 345,00 € brutto hinzu, beträgt ihre Rente	1.111,51 €
bis 1.397,49 €	833,63 €
bis 1.854,37 €	555,76 €
bis 2.311,24 €	277,88 €
mehr als 2.311,24 €	0,00 €

(Quelle: Nach BMGS, 2005, S. 19 f.)

7.4. Checkliste: Optimale Vertragsgestaltung

1. Schließen Sie möglichst schon in jungen Jahren eine selbständige BU-Versicherung ab. Eine BUZ könnte ebenfalls sinnvoll sein, vor allem in Kombination mit einer Risikolebensversicherung. Allenfalls für Selbständige kommt eine BUZ in Kombination mit einer Kapitallebensversicherung infrage.

2. Versuchen Sie, eine spätere BUR in einer Höhe zu versichern, die möglichst nahe an Ihr derzeitiges Nettoeinkommen heranreicht. Faustregel: Mindestens zwei Drittel Ihres jetzigen Nettos sollten erreicht werden.

3. Vereinbaren Sie entweder eine Dynamik oder eine Nachversicherungsgarantie, also das Recht, später flexibel die Rentenhöhe anzupassen.

4. Entscheiden Sie sich bei der Überschussbeteiligung für die sofortige Beitragsverrechnung.

5. Achten Sie auf eine möglichst lange Versicherungszeit und eine Leistungsdauer bis zum 65. Lebensjahr.

6. Vereinbaren Sie einen pauschalen Rentenbezug ab 50 % BU.

7. Lassen Sie sich nicht auf lange Karenzzeiten ein.

8. Fragen Sie Ihren Arbeitgeber nach betrieblichen Lösungen, und halten Sie Ausschau nach einem günstigen Gruppenvertrag.

(Quelle: Nach Balodis, 2003, S. 71.)

7.5. Weitere wichtige Versicherungsbedingungen

Erleichterter und eindeutiger Nachweis der Berufsunfähigkeit

Damit kein jahrelanger Gutachterstreit um den Grad der BU entbrennt, sollte die Gesellschaft über klare Regelungen, die den Rentenanspruch durchsetzen, verfügen. Folgende Kriterien erkennen Experten als kundenfreundlich an, weil sie die Feststellung der BU vereinfachen und somit einen schnellen Beginn der Rentenzahlung ermöglichen. Die Zahlung der BUR erfolgt von der Versicherungsgesellschaft, wenn mindestens eine der folgenden Kriterien erfüllt ist:

- o Einstufung des Versicherten in die Pflegestufe 1 der gesetzlichen Pflegeversicherung,
- o Bewilligung der Erwerbsunfähigkeitsrente der gesetzlichen Rentenversicherung,
- o Bescheinigung der dauerhaften Dienstunfähigkeit eines versicherten Beamten oder
- o Sechs Monate ununterbrochene Arbeitsunfähigkeit des Versicherten.

Erhalt des Versicherungsschutzes bei zeitweisem Ausscheiden aus dem Beruf

Wird der Beruf zeitweise, z. B. aufgrund des Mutterschutzes oder der Elternzeit, nicht ausgeübt, muss gewährleistet sein, dass der Versicherungsschutz uneingeschränkt erhalten bleibt.

Begrenzung der Gesundheitsfragen auf die letzten fünf Jahre

Damit sich bei der Beantwortung der Gesundheitsfragen keine Fehler einschleichen, sollten diese auf einen überschaubaren Zeitraum beschränkt werden. Idealerweise ist ein Zeitraum von drei bis fünf Jahren anzusehen. Dieser Zeitraum sollte bei allen entsprechenden Gesundheitsfragen angegeben sein. Dadurch können Missverständnisse vermieden werden. Neben der Beschränkung des Zeitraumes ist es vorteilhaft, wenn vom Versicherer nur konkrete Erkrankungen abgefragt werden, die auch von einen Arzt behandelt wurden.

Verzicht auf § 172 VVG

Der § 172 VVG gestattet den Versicherungsgesellschaften, bei dauerhaften und unvorhersehbaren Veränderungen im Leistungsbereich die Versicherungsprämie neu zu berechnen. D. h., dieser Paragraph bietet den Gesellschaften eine Möglichkeit, die Beiträge zu erhöhen. Eine Vielzahl der Versicherungsgesellschaften verzichten bedingungsgemäß auf die Anwendung des § 172 VVG, damit die Kunden die Sicherheit vor ungeplanten Beitragerhöhungen haben.

Dynamik der Berufsunfähigkeitsrente auch im Leistungsfall

Bei Vertragsabschluss sollte die Dynamik im Leistungsfall vereinbart werden, damit die Rente nicht der Inflation unterliegt.

Beitragsfreie Dynamik für die Hauptversicherung im Leistungsfall

Die Berufsunfähigkeitszusatzversicherung ist an einen Lebensversicherungsvertrag gekoppelt. Wurde dieser Vertrag mit einer Dynamik vereinbart, sollte die Hauptversicherung auch im Leistungsfall beitragsfrei und dynamisch fortgeführt werden, um am Vertragsende die geplante Versorgung zu erreichen.

Keine Verpflichtung zur Umschulung

Verpflichtet eine Versicherungsgesellschaft seinen Versicherten im Leistungsfall zu einer Umschulung auf einen anderen Beruf, erlischt nach dem erfolgreichen Abschluss der Schulung die Zahlungspflicht des Versicherers. Das ist für den Versicherten nicht von Vorteil, denn er verliert dadurch seinen Berufsschutz. Deshalb sollte eine Versicherung gewählt werden, die ihre Kunden nicht zu einer Umschulung verpflichtet.

Wiedereingliederungshilfe bei Reaktivierung

Die Versicherungsgesellschaft kann einmal im Jahr vom Versicherten eine ärztliche Untersuchung verlangen. Wird bei dieser Untersuchung festgestellt, dass sich der Gesundheitszustand des Versicherten gebessert hat, wird die Rente gestrichen. Das bedeutet für den Versicherten viele Veränderungen. Die Versicherungsgesellschaft kann den Versicherten mit Hilfe von Wiedereingliederungshilfen oder der Finanzierung von Umschulungen unterstützen. Das hilft dem Versicherten nach der Rentenzeit einen Neuanfang im Erwerbsleben zu beginnen.

Fortsetzung der Versicherung auf dem erreichten Leistungsniveau bei Reaktivierung

Das aufgrund der Dynamik erreichte Rentenniveau im Leistungsfall muss für einen möglichen folgenden Leistungsfall erhalten bleiben und darf nicht auf das Niveau bei Rentenbeginn herabgesenkt werden.

Luftfahrtklausel

Personen, die in der Luftfahrt berufsmäßig tätig sind, müssen bei Vertragsabschluss darauf achten, dass in den Versicherungsbedingungen die Luftfahrtklausel enthalten ist.

Keine Meldepflicht bei Verbesserung des Gesundheitszustandes

Für den Versicherten ist es wichtig, dass er nicht verpflichtet ist, eine Besserung seines Gesundheitszustandes zu melden. Dadurch wird das Risiko zuviel gezahlter Renten verhindert. Fragen der Versicherungsgesellschaften über den Gesundheitszustand müssen jedoch vom Versicherten wahrheitsgemäß beantwortet werden.

Kriterien der Erstprüfung auch bei der Nachprüfung

Die verwendeten Kriterien bei der Erstprüfung, sollten uneingeschränkt in späteren Nachprüfverfahren gelten.

Keine Meldepflicht bei Wechsel in gefährlicheren Beruf oder Aufnahme eines gefährlichen Hobbys

Wechselt ein Versicherter nach Vertragsabschluss seinen Beruf oder beginnt ein riskantes Hobby, ist er nach § 164 VVG nicht verpflichtet dies der Versicherungsgesellschaft zu melden. Verbraucherschützer empfehlen, die Änderungen freiwillig zu melden. Das erleichtert und beschleunigt die Durchsetzung späterer Rentenansprüche. Der Versicherer darf die freiwillige Meldung nicht für eine Beitragserhöhung nutzen.

Keine Arztanordnungsklausel

Viele Versicherer haben die Arztanordnungsklausel abgeschafft. Das ist für die Versicherten vorteilhaft, denn sie können nicht mehr vom Versicherer zu Therapieversuchen gedrängt werden. Sie hatten damals nur die

Wahl zwischen einer Therapie (z. B. Operation) oder den Wegfall der Rentenzahlung.

(Quelle: In Anlehnung an Balodis, 2003, S. 83-88.)

7.6. Risikoarten

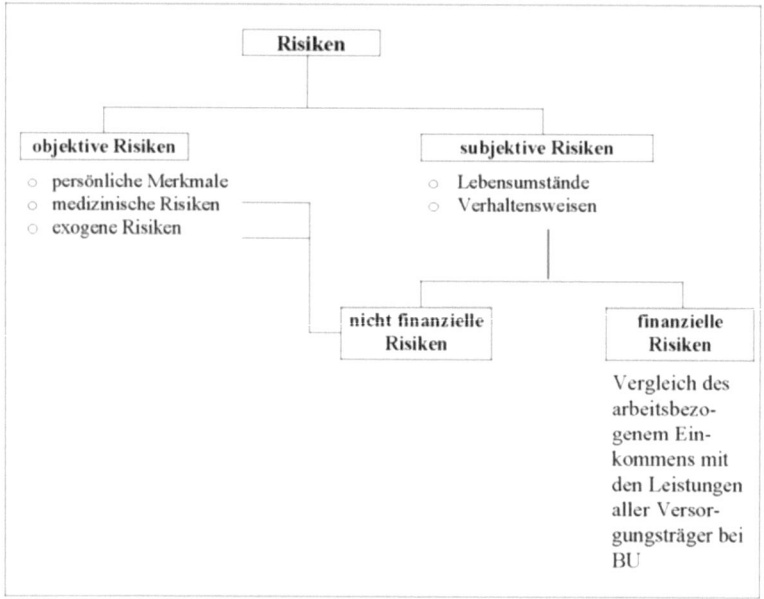

(Quelle: Eigene Darstellung, Kunzendörfer, 2000, S. 232-240.)

7.7. Der Fragebogen und die unterstützenden Versicherungsunternehmen

Fragen an die Versicherungsgesellschaften:

Wie erfolgt die Antrags- bzw. Risikoprüfung in Ihrer Versicherungsgesellschaft?

- o Benutzen Sie neben den Gesundheitsfragen im Antrag zusätzliche Fragebögen für bestimmte häufige Erkrankungen? Wenn ja, für welche Erkrankungen?
- o In welchen Fällen (grundsätzlich oder nur in bestimmten Fällen) nutzen Sie die individuelle Arztanfrage mit dem Arztbericht?

- o Wie sieht der Entscheidungsspielraum aus? Ab wann erfolgt die Annahme eines Antrages, der Ausschluss von bestimmten Körperteilen bzw. Erkrankungen, ein Beitragszuschlag oder gar eine Ablehnung des Antrages?
- o Welche Besonderheiten haben Sie bei der Durchführung der Risikoprüfung?

Versicherungsunternehmen, die Informationen bereitgestellt haben:
AachenMünchener Lebensversicherung AG
Allianz Lebensversicherungs-AG
Alte Leipziger Lebensversicherung a. G.
Concordia Versicherungsgruppe
Deutscher Ring Lebensversicherungs AG
DEVK-Versicherungen
EUROPA Versicherung AG
Gerling G&A Versicherungs-AG
HanseMerkur Versicherungsgruppe
HUK-Coburg-Lebensversicherung AG
Karlsruher Versicherungen AG
Öffentliche Lebensversicherung Berlin Brandenburg
Plus Lebensversicherung
Standard Life Versicherung
uniVersa Lebensversicherung a. G.
Volksfürsorge Versicherungsgruppe
Volkswohl Bund Lebensversicherung a. G.
Zürich Gruppe Deutschland

7.8. Musterfragebögen

7.8.1. Musterfragebogen bei Magen-, Darm- und Speiseröhrenerkrankungen der HanseMerkur Versicherungsgruppe

Magen-, Darm- und Speiseröhrenerkrankungen

Zum Antrag vom:

Antragsteller — Name, Vorname

zu versichernde Person (wenn nicht Antragsteller)

1. Wie lautet die genaue ärztliche Bezeichnung Ihrer Erkrankung? (z.B. Magen- oder Zwölffingerdarmgeschwür, Geschwulst, Säuremangel oder Übersäuerung, Speiseröhrenentzündung etc.)

2. Unter welchen Beschwerden haben Sie gelitten bzw. leiden Sie noch?
   (z.B. Appetitlosigkeit, Übelkeit, Erbrechen, Schmerzen, Durchfälle, Teerstühle, Blut im Stuhl usw.)

3. Wann sind die Beschwerden erstmalig aufgetreten? — am

4. Wie lange dauerten die Beschwerden an? — von ... bis

5. Sind Sie völlig beschwerdefrei? Seit wann? — ☐ ja, seit ... ☐ nein

6. Sind Rückfälle aufgetreten? Wann? — ☐ ja ... am / am / am ... ☐ nein

7. Werden / wurden Sie mit Medikamenten behandelt? Wenn ja, wann? Welche? Dosierung? — ☐ ja, von ... bis ... ☐ nein
   wenn ja ☐ regelmäßig / ☐ bei Bedarf   mit   Dosierung
           ☐ regelmäßig / ☐ bei Bedarf   mit   Dosierung
           ☐ regelmäßig / ☐ bei Bedarf   mit   Dosierung

8. Halten Sie eine bestimmte Diät ein? Welche? — ☐ ja ... ☐ nein

9. Nehmen Sie regelmäßig alkoholische Getränke zu sich?
   Wenn ja, welche? In welchem Umfang? — ☐ ja ... ☐ nein
   Art ... Menge ... pro Tag
   Art ... Menge ... pro Tag
   Art ... Menge ... pro Tag
   Art ... Menge ... pro Tag

10. Rauchen Sie? — ☐ ja, seit ... ☐ nein
    Wenn ja, was, seit wann, wieviel täglich?
    ☐ Zigaretten   Stück / Tag, seit
    ☐ sonstiges   Stück/Tag

11. Wurde (im Falle von Entzündungen oder Geschwüren) der Erreger „Helicobacter pylori" festgestellt? — ☐ ja   ☐ nein   ☐ unbekannt

September 1996   Fragebogen Z 89

12. Wurde eine Magen- oder Darmspiegelung vorgenommen? Wenn ja, bitte hierzu nähere Angaben: wann, Ergebnis, welche Teile des Verdauungstraktes (Magen (Gastroskopie), gesamter Dickdarm (Koloskopie) oder nur das Ende vom Dickdarm (Rektoskopie))?	☐ ja	☐ nein
13. Wurde eine Ultraschalluntersuchung (Sonographie) oder Röntgen(kontrast)**untersuchung** des Bauches vorgenommen? Wenn ja, bitte hierzu nähere Angaben: wann?, Ergebnis?	☐ ja	☐ nein
14. Wurde eine Operation durchgeführt oder ist eine Operation vorgesehen? (Wenn ja, bitte nähere Angaben: wann, Art der Operation, Ergebnis?)	☐ ja, am	☐ nein
15. Wurden Sie mit Röntgen-, Radium-, Isotopen- oder sonstigen Strahlen **behandelt** (= bestrahlt)? (Wenn ja, bitte hierzu nähere Angaben: wann?)	☐ ja	☐ nein

16. Von wem (Arzt / Krankenhaus) wurden Sie wegen Ihrer Erkrankung untersucht oder behandelt? Wann?

Name / Anschrift	Zeitpunkt / Zeitraum	Welche Untersuchungen / Behandlungen?

17. Sind Sie aufgrund Ihrer Beschwerden / Erkrankung arbeitsunfähig gewesen? Dauer?	☐ ja, von bis	☐ nein
18. Besteht nach dem Schwerbehindertengesetz eine Erwerbsminderung? Wieviel Prozent?	☐ ja. % GdB	☐ nein

19. Zusätzliche Angaben:

Durch meine eigenhändige Unterschrift bestätige ich, daß ich die vorstehenden Fragen vollständig und wahrheitsgetreu beantwortet und nichts verschwiegen habe. Ich erkenne an, daß unvollständige oder unwahre Angaben den Verlust der Versicherungsansprüche zur Folge haben können.

Datum   Unterschrift der zu versichernden Person   Unterschrift des Antragstellers

Fragebogen Z 89   September 1996

(Quelle: HanseMerkur Versicherungsgruppe.)

7.8.2. Musterfragebogen bei Nervenleiden der Gerling G&A Versicherungs-AG

G GERLING

Fragebogen: Nervenleiden

Versicherungsantrag Nr.:
Versicherte Person:

Zu diesem Antrag gebe ich folgende ergänzende Erklärung ab

FRAGEN DER GESELLSCHAFT	ANTWORTEN
1 Wie wurde das Nervenleiden ärztlicherseits bezeichnet? (möglichst genaue Angaben)	
2 Wie äußerte es sich, bestanden oder bestehen Kopfschmerzen, Zittern, Schwindel, Erregbarkeit, Anfälle mit Bewußtlosigkeit, Ohnmachten, Lähmungen, Krämpfe, Schlafstörungen, Gewichtsabnahme?	
3 Von wann bis wann waren Sie erkrankt bzw. in ärztlicher Behandlung?	
4 Sind Heilverfahren, Reha-Maßnahmen oder Kurbehandlungen erfolgt? Wenn ja, wann? Ggf. bitte Name u. Anschrift der Kuranstalt etc. angeben!	
5 Waren Sie in einem Krankenhaus, einer Nervenklinik oder in einer Heil- und Pflegeanstalt? Wenn ja, wann? Ggf. bitte Name u. Anschrift angeben!	
6 Wie war der Erfolg der Behandlung?	
7 Leiden Sie an Depressionen?	
8 Haben Sie einen Selbsttötungsversuch unternommen? Wann?	
9 Stehen Sie noch in ärztlicher Behandlung? Welche Medikamente nehmen Sie?	
10 Bestehen noch Folgen oder Beschwerden, die auf die Erkrankung zurückzuführen sind? Gegebenenfalls welche?	
11 Ist die Behandlung abgeschlossen? Wenn ja, seit wann?	
12 Name und Anschrift des zuletzt behandelnden Arztes bzw. Facharztes?	

Seit der Antragstellung war ich weder erheblich erkrankt oder verletzt, noch wurde ich ärztlich untersucht oder behandelt.

_____   _____   _____
Ort   Datum   Unterschrift versicherte Person

(Quelle: Gerling G&A Versicherungs-AG.)

7.8.3. Musterfragebogen bei Diabetes der Volkswohl Bund Versicherungen

VOLKSWOHL BUND
VERSICHERUNGEN

Zusatzerklärung Diabetes

Name: _____ Geb.-Datum: _____
zum Lebensversicherungsantrag vom: _____

1 a) Ist bei Ihren Eltern oder Geschwistern Diabetes vorgekommen?
☐ ja ☐ nein
Wenn ja, geben Sie bitte das ungefähre Alter an, in welchem der Diabetes auftrat
_____

b) Falls bei anderen Blutsverwandten Diabetes besteht oder bestanden hat, geben Sie bitte an, in welchem Alter der Diabetes auftrat. _____

2 In welchem Jahr wurde bei Ihnen der Diabetes festgestellt? _____

3 a) Stehen Sie in regelmäßiger ärztlicher Kontrolle?
☐ ja ☐ nein
Wenn ja, geben Sie bitte Namen, Adresse des Arztes oder des Krankenhauses an
_____

b) In welchen Zeitabständen konsultieren Sie den Arzt oder besuchen Sie das Krankenhaus?
_____

c) Bitte geben Sie das Datum der letzten Konsultation oder des letzten Besuches an
_____

4 Mit welchen Mitteln werden Sie behandelt?
a) Insulin? ☐ ja ☐ nein
b) Peroralen Antidiabetica oder anderen Medikamenten? ☐ ja ☐ nein
Geben Sie bitte die genaue Bezeichnung und Dosierung an

5 a) Prüfen Sie Ihren Urin regelmäßig auf Zucker?
☐ ja ☐ nein
Wenn ja, wie oft? _____

b) Präzisieren Sie bitte das Vorhandensein von Zucker
☐ regelmäßig ☐ oft ☐ gelegentlich ☐ nie

6. a) Ist Ihre Diät geschätzt oder gewogen? ☐ geschätzt ☐ gewogen
   Falls gewogen, bitte genaue Zusammensetzung angeben. _____

   b) Welches ist das Ausmaß Ihrer körperlichen Betätigung? _____
   c) Bei der Arbeit? _____
   d) In der Freizeit (Sport mit inbegriffen)? _____

7. Litten Sie je an einer der folgenden Krankheiten? Wenn ja, geben Sie bitte für jeden Fall die Art der Behandlung an. Ist eine völlige Heilung eingetreten? Falls nötig, sollte ein zusätzlicher Bericht eingeholt werden.
   a) Diabetisches Koma?   ☐ ja ☐ nein
   b) Infektionen, z.B. Furunkel, Zahnabszesse, Mandelentzündung?   ☐ ja ☐ nein
   c) Sehstörungen?   ☐ ja ☐ nein
   d) Herzbeschwerden?   ☐ ja ☐ nein
   e) Erhöhter Blutdruck?   ☐ ja ☐ nein
   f) Beschwerden der Harnorgane
      (Blase, Nieren, Harnleiter oder Harnröhre)   ☐ ja ☐ nein
   g) Schmerzen oder Brennen in den Beinen oder Füßen   ☐ ja ☐ nein
   Art der Behandlung _____

8. a) Wurde je eine Röntgenuntersuchung des Thorax gemacht? ☐ ja ☐ nein
   Wenn ja, bitte das Datum der letzten Durchleuchtung sowie Ergebnis und Namen von Arzt, Spital oder Klinik angeben. Wo kann die Aufnahme zur Einsicht verlangt werden?
   _____

   b) Wurde je ein Elektrokardiogramm gemacht? ☐ ja ☐ nein
   Wenn ja, bitte das Datum sowie den Namen des Arztes angeben und wo das EKG zur Einsicht angefordert werden kann.
   _____

9. Sind Sie seit dem Tage der Antragstellung völlig gesund geblieben? _____

Als Versicherungsbeginn wird nunmehr beantragt _____

Durch meine eigenhändige Unterschrift bescheinige ich, dass ich die vorstehenden Fragen vollständig und wahrheitsgetreu beantwortet und nichts verschwiegen habe. Ich erkenne an, dass unvollständige oder unwahre Angaben den Verlust der Versicherungsansprüche zur Folge haben können.

Ort, Datum _____   Unterschrift des zu Versichernden _____

(Quelle: Volkswohl Bund Versicherungen.)

7.8.4. Musterfragebogen bei Allergie/Hauterkrankung der HUK-Coburg-Versicherung AG

HUK-COBURG-Lebensversicherung AG

Willi-Hussong-Str. 2, 96446 Coburg
Telefon 09561 96-5486, Telefax 09561 96-5440

Selbstauskunft wegen Allergie / Hauterkrankungen

Wichtiger Hinweis:
Grundsätzlich sind Ihre Informationen für die versicherungsmedizinische Beurteilung ausreichend. Wir sind bemüht, die Arbeitszeit Ihres behandelnden Arztes nicht mit unseren Anfragen zu belasten. Selbstverständlich werden wir, wenn wir noch weiteren Nachfragebedarf haben sollten, mit dem Arzt in Verbindung setzen. Zunächst aber bitten wir Sie, uns die nachfolgenden Fragen zu beantworten. Vielleicht steht Ihnen Ihr Arzt bei einer einzelnen unklaren Frage zur Verfügung und kann Ihnen anhand seiner Karte weiterhelfen.

Name:
Geburtsdatum: Versicherungs-Nr.:

Unsere Fragen:		Ihre Antworten:		
1. Bestehen oder bestanden folgende Krankheitserscheinungen?		Wann traten diese zum ersten Mal auf?	Wann zum letzten Mal?	Häufigkeit und stärke der Beschwerden?
Asthma?	☐ ja ☐ nein			1-2 mal jährlich / 1 mal monatlich / 1 mal wöchentlich / häufiger als 1 mal wöchentlich Stärke:
Bronchitis?	☐ ja ☐ nein			1-2 mal jährlich / 1 mal monatlich / 1 mal wöchentlich / häufiger als 1 mal wöchentlich Stärke:
Atembeschwerden?	☐ ja ☐ nein			
Heuschnupfen/Stockschnupfen?	☐ ja ☐ nein			
Augenjucken, Konjuktivitis?	☐ ja ☐ nein			
Unverträglichkeit gegen bestimmte Nahrungsmittel mit Durchfall und / oder Erbrechen?	☐ ja ☐ nein			
Milchschorf, Säuglingsekzem?	☐ ja ☐ nein			
Hauterscheinungen:				
Neurodermitis	☐ ja ☐ nein			
Ekzem	☐ ja ☐ nein			
Hautüberempfindlichkeit gegen bestimmte Substanzen?	☐ ja ☐ nein			
Nesselsucht	☐ ja ☐ nein			
Welche Körperteile sind betroffen?:				
Überempfindlichkeit gegen Insektenstiche?	☐ ja ☐ nein			
Sonstige Überempfindlichkeitsreaktionen?	☐ ja ☐ nein			
Welche?				
2. Bei welcher Gelegenheit treten oder traten die oben genannten Beschwerden auf?	☐ Hausarbeit? ☐ berufliche Tätigkeit? ☐ Körperliche Anstrengung ☐ Umgang mit Tieren Welche? ☐ andere Tätigkeiten Welche? ☐ Nach Genuss bestimmter Nahrungsmittel Welche?			
3. Bestand oder besteht in Ihrer Familie eine der oben genannten Krankheiten?	☐ ja Welche? ☐ nein			
4. Rauchen Sie?	☐ ja Wie viele täglich? ☐ nein			

- 2 -

Unsere Fragen:	Ihre Antworten:
5. Wie werden Sie bisher behandelt?	☐ Tabletten von: bis: Name des Medikaments/Dosierung: ☐ Salben, Tinkturen von: bis: Name des Präparats/Dosierung: ☐ Aerosols / Sprays/ Bronchialinhalatoren Name des Präparats: Dosierung/Anwendung: ☐ täglich ☐ 1 mal in der Woche ☐ 1 mal im Monat ☐ weniger als 1 mal im Monat ☐ andere Behandlungsarten (z. B. Homöopatische Behandlungen) Welche? Von: bis:
Waren Krankenhausaufenthalte/Kuren nötig?	☐ nein ☐ ja, Wo? Wann? Wie lange?
Name des Krankenhauses/der Kuranstalt?	
6. Wurde ein Allergietest durchgeführt?	☐ nein ☐ ja Welcher? Welche auslösenden Stoffe wurden festgestellt?:
7. Wurde bereits eine Hypo- bzw. Desensibilisierung durchgeführt?	☐ ja Mit welchem Erfolg? ☐ nein ☐ geplant Wann?
8. Wann waren Sie zuletzt in Behandlung? Mit welchen Maßnahmen/ Befunden?	
9. Welche Ärzte behandeln Sie / haben Sie behandelt? Bitte jeweils Name und Anschrift angeben.	
10. Waren Sie jemals länger als vier Wochen arbeits- bzw. berufsunfähig? Wegen welcher Erkrankung? Wann? Wie lange?	☐ ja ☐ nein
11. Bestehen Erkrankungen/ Beschwerden, die bisher noch nicht angegeben wurden? Wenn ja, Angabe der Erkrankungen/Beschwerden (äztliche Diagnose): Bisheriger Behandlungsumfang:	☐ ja ☐ nein

Durch meine eigenhändige Unterschrift bestätige ich, dass ich die vorstehenden Fragen vollständig und wahrheitsgetreu beantwortet und nichts verschwiegen habe; ich erkenne an, dass unvollständige oder unwahre Angaben den Verlust der Versicherungsansprüche zur Folge haben können.

Ort, Datum

Unterschrift der zu versichernden Person

(Quelle: HUK-Coburg-Versicherung AG.)

7.8.5. Musterfragebogen bei Herz-Kreislauf-Erkrankungen der Alte Leipziger Lebensversicherung a. G.

Alte Leipziger Lebensversicherungsgesellschaft auf Gegenseitigkeit
Alte Leipziger Unternehmensverbund

Alte Leipziger Leben

Absender:

Postfach 1660
61406 Oberursel

HF
100058LE - scp 28 - 2.98

Versicherungs-Nr.:
Zu versichernde Person:
Geburtsdatum:

Ergänzung von:

1. Besteht oder bestand ein Herz- bzw. Kreislaufleiden? ☐ ja ☐ nein
   Wie bezeichnet der Arzt das Leiden/die Beschwerden?

2. Sind oder waren Sie deshalb in ärztlicher Behandlung? ☐ ja ☐ nein
   Falls ja, wann? Von _____ bis _____
   Name und Anschrift des Arztes

3. Waren Sie in Krankenhausbehandlung? ☐ ja ☐ nein
   Falls ja, wann? Von _____ bis _____
   Name und Anschrift des Krankenhauses

4. Wie äußert sich das Leiden (z.B. Herzklopfen, Atemnot, Beängstigungen, Herzbeklemmungen, Herzschmerzen, Schwindel, Ohnmachten, Blutandrang zum Kopf, Schmerzen oder Gefühlsstörungen in den Armen oder Beinen usw.)?

5. Mit welchen Medikamenten sind Sie behandelt worden?

6. Haben Sie Rehabilitationsmaßnahmen (Kuren, Anschlußheilbehandlungen) wahrgenommen? ☐ ja ☐ nein
   Falls ja, wo (Anschrift)?

7. Sind Sie aus der Behandlung als geheilt entlassen worden? ☐ ja ☐ nein

8. Haben Sie noch Beschwerden? ☐ ja ☐ nein
   Falls ja, welche?

9. Sind Ihre Füße geschwollen? ☐ ja ☐ nein
   Falls ja, ☐ ständig ☐ zeitweise ☐ wann _____

10. Wurde Ihr Blutdruck gemessen? ☐ ja ☐ nein
    Falls ja, wie hoch war er? _____ Wann? _____
    Von wem gemessen (Name und Anschrift des Arztes)? _____

11. Wurde ein Elektrokardiogramm (EKG) angefertigt? ☐ ja ☐ nein
    Falls ja, wann und durch welchen Arzt? _____

12. Gebrauchen Sie jetzt noch Medikamente? ☐ ja ☐ nein
    Falls ja, welche? _____
    Von wem verordnet (Name und Anschrift des verordnenden Arztes)? _____

13. Rauchen Sie? ☐ ja ☐ nein
    Falls ja: Was? _____ Wieviel pro Tag? _____ Seit wann? _____

14. Waren Sie schon länger als 6 Wochen arbeitsunfähig? ☐ ja ☐ nein
    Wann und wie lange? _____
    Wegen welcher Erkrankung? _____

Durch meine eigenhändige Unterschrift bestätige ich, daß ich diese Fragen vollständig und wahrheitsgetreu beantwortet und nichts verschwiegen habe (unvollständige oder unwahre Angaben stellen eine Verletzung der Anzeigepflicht dar). Ich wiederhole sämtliche Erklärungen, die ich im Zusammenhang mit meinem zuletzt bei der Alten Leipziger gestellten Lebensversicherungsantrag abgegeben habe.

Ort, Datum _____ Unterschrift der zu versichernden Person, falls minderjährig,
auch die des gesetzlichen Vertreters

(Quelle: Alte Leipziger Lebensversicherung a. G.)

7.8.6. Musterfragebogen bei Erkrankungen der Wirbelsäule/Gelenke der DEVK Versicherung

(«L») DEVK Deutsche Eisenbahn Versicherung
Lebensversicherungsverein a. G.
Betriebliche Sozialeinrichtung der Deutschen Bahn AG
(«N») DEVK Allgemeine Lebensversicherungs-AG

Zusatzerklärung Wirbelsäule/Gelenke

III-34

Versicherung Nr. «LV_Nr» (Bitte immer angeben!)
zu versichernde Person Nico Jacobi, geb. am «Geb_Datum_VP»

Jede Frage ist einzeln zu beantworten, Striche genügen nicht!	Antworten		
1. Unter welcher Erkrankung bzw. welchen Beschwerden der Wirbelsäule oder Gelenke einschl. der Bänder und Sehnen leiden oder litten Sie? (z.B. Fehlhaltung, Blockierung, Bandscheibenvorfall, degenerative Veränderung („Verschleiß"), Zerrung, rheumatische Erkrankung, Überlastung, Unfallverletzung, angeborene Fehlstellung) Wie wurde Ihre Erkrankung von den Ärzten bezeichnet?			
2. Wie oft treten bzw. traten die Erkrankung / Beschwerden auf? Wann zuletzt? Wie lange?	❏ Einmalig	❏ Wiederholt	❏ Dauernd
3. Haben Sie weitere Beschwerden, die auf die Wirbelsäulen- oder Gelenkerkrankung zurückzuführen sind? (z.B. Kopfschmerzen, rheumatische Beschwerden, Gicht, entzündliche Gelenkveränderungen, Schwindel, Nervenschmerzen)	❏ Nein ❏ Ja Welche?		
4. Wie wurden oder werden Sie behandelt? (z.B. Massage, Krankengymnastik, Chirotherapie, Medikamente, Operation)			
5. Wurde eine Krankenhausbehandlung / Kur / Reha-Maßnahme durchgeführt oder ist eine geplant? Wann? Name und Anschrift des Krankenhauses bzw. der Kur- oder Rehaklinik:	❏ Nein ❏ Ja:	❏ Krankenhausbehandlung ❏ Kur ❏ Reha-Maßnahme	
6. Welche Beschwerden haben Sie noch? Ist die Behandlung abgeschlossen? Falls „Nein", wie wurden Sie behandelt?	❏ Nein ❏ Ja: Seit wann?		
7. Besteht oder bestand eine Arbeitsunfähigkeit aufgrund dieser Erkrankung / Beschwerden? Wann? Wie lange? Sind Sie in Ihrer beruflichen Tätigkeit beeinträchtigt? Ist Ihnen ein Berufswechsel angeraten worden?	❏ Nein ❏ Ja ❏ Nein ❏ Ja, falls ja, in welcher Form? ❏ Nein ❏ Ja		
8. Welcher Arzt kann am besten Auskunft geben? (Bitte Name und Anschrift angeben)			

_____ , den _____   Unterschrift der zu versichernden Person

(Quelle: DEVK Versicherung.)

7.8.7. Musterfragebogen bei Unfallleiden der Standard Life Versicherung

STANDARD LIFE

Standard Life Versicherung
Lyoner Straße 15
D-60528 Frankfurt/Main
Hotline: 01802 - 21 47 47
Fax: 069 - 66 57 21 10
www.standardlife.de
kundenservice@standardlife.de

Fragebogen Unfall

Dieser Fragebogen ist eine Ergänzung zu meinem Antrag

Versicherte Person: Geburtsdatum:

Fragen der Gesellschaft	Antworten
1. Wie lautete die ärztliche Bezeichnung Ihrer Verletzung und wann erlitten Sie diese?	Bezeichnung: Wann (Monat/Jahr)?
2. Welche Körperteile bzw. Organe waren betroffen (mit Seitenangabe)?	
3. Werden oder wurden Sie wegen dieser Verletzung ärztlich behandelt?	☐ nein ☐ ja; Name/Anschrift des Behandlers/Krankenhauses: Wann? Wie lange?
4. Wurden eine oder ggf. mehrere Operationen erforderlich?	☐ nein ☐ ja; und zwar: ☐ einmalige Operation; wann? ☐ mehrere Operationen; wann? ☐ Operation geplant; wann?

Version 03/2005 Fragebogen Unfall Seite 1 von 2

Antrags-Nr.: _____

5. Bestehen noch Folgen oder Beschwerden seitens der Verletzung bzw. sind Sie in Ihrer Beweglichkeit eingeschränkt?	☐ nein; keine Folgen bzw. beschwerdefrei seit: _____ ☐ ja; Folgen/Beschwerden (bitte genaue Angaben):
6. Ist die Behandlung abgeschlossen?	☐ nein ☐ ja; seit: _____
7. Wurde bei Ihnen eine Behinderung festgestellt?	☐ nein ☐ ja; Grad der Behinderung/MdE: **Bitte Ausweiskopie beifügen!**
8. Beziehen oder bezogen Sie eine Unfallrente?	☐ nein ☐ ja; Leistungsträger:
9. Waren Sie wegen dieser Verletzung in den letzten 5 Jahren arbeitsunfähig?	☐ nein ☐ ja; Arbeitsunfähigkeitszeiten, Art der Einschränkung/ärztliche Maßnahmen:
10. Wurde Ihnen wegen dieser Verletzungen ein Berufs- oder Tätigkeitswechsel angeraten bzw. haben Sie einen solchen vorgenommen?	☐ nein ☐ ja; und zwar: ☐ angeratener Berufs-/Tätigkeitsbereich: ☐ früherer Beruf/Tätigkeit: neuer Beruf/Tätigkeit: seit:

Mir ist bekannt, dass ich gemäß §§ 16 ff des Versicherungsvertragsgesetzes die in diesem Fragebogen gestellten Fragen nach bestem Wissen sorgfältig, richtig, vollständig und schriftlich beantworten und dabei auch von mir für unwesentlich gehaltene Umstände angeben muss. Bei schuldhafter Verletzung dieser Pflicht kann der Versicherer vom Vertrag zurücktreten oder ihn anfechten und ggf. die Leistung verweigern.

_____   _____
Ort, Datum   Unterschrift versicherte Person

(Quelle: Standard Life Versicherung.)

7.8.8. Musterfragebogen bei Rheumatismus Concordia Versicherungsgruppe

Zusätzliche Erklärung
Rheumatismus

Versicherungsnehmer (falls nicht gleichzeitig zu versichernde Person)	Name
	Vorname
Zu versichernde Person	Name
	b. Frauen Geburtsname
	Geburtsdatum
	Wohnung

Haben Sie gelitten oder leiden Sie an:
Gelenkrheumatismus? ja/nein
Muskelrheumatismus? ja/nein
Von wann bis wann?

Sind als Folgen der durchgemachten Krankheit ja/nein
Bewegungsstörungen oder Verdickungen der Gelenke zurückgeblieben?
Welche?

Falls das Herz in Mitleidenschaft gezogen wurde, wie wurde das Herzleiden ärztlicherseits bezeichnet?
Welche Beschwerden haben Sie noch (z.B. Herzklopfen, Herzbeklemmungen, Atemnot beim Treppensteigen)?

Krankenhausaufenthalte? ja/nein
Wann?
Wo?

Sanatoriumskuren? ja/nein
Wann?
Wo?

Welche Medikamente nehmen Sie jetzt noch?
Welche Ärzte haben Sie behandelt bzw. behandeln Sie jetzt noch?
Wegen welcher Erkrankung?
Name, Adresse, Zeitpunkt angeben

(Quelle: Concordia Versicherungsgruppe.)

7.9. Der Beruf

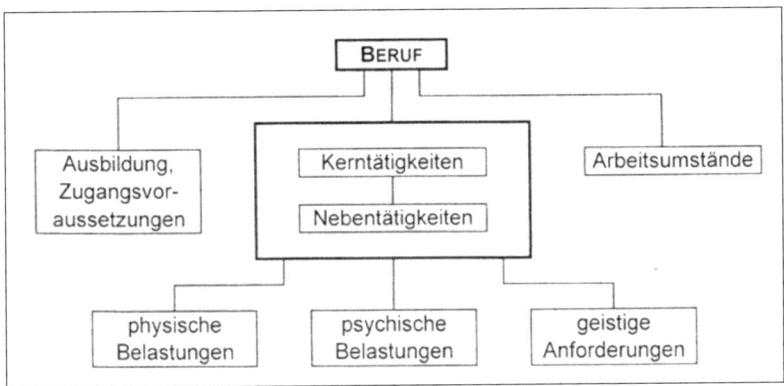

(Quelle: Kurzendörfer, 2000, S. 367.)

7.10. Merkmale eines Berufes

Folgende Merkmale kennzeichnen einen Beruf:

o die Qualifikation: Ausbildung und Erfahrung,

o die Stellung im Betrieb und der Status,

o die Funktion und die Arbeitsaufgaben sowie die damit verbundenen geistigen, physischen und psychischen Anforderungen. Dazu gehört eine Aufzählung der einzelnen Tätigkeiten einschließlich des dafür notwendigen Zeitaufwandes,

o die Arbeitsmittel (Anforderung an die Bedienung von Maschinen, Werkzeugen bzw. Instrumenten),

o der Arbeitsort und die damit einhergehende Belastung durch Temperatur- und Witterungseinflüsse oder durch Gase bzw. chemische Reizstoffe,

o die Anforderungen an Kommunikationsfähigkeiten (intern/extern, schriftlich/mündlich usw.) und

o die Branche bzw. der Wirtschaftszweig.

(Quelle: Nach Kurzendörfer, 2000, S. 366.).

8. Literaturverzeichnis

Monographien

BALODIS, HOLGER: Berufsunfähigkeit gezielt absichern; Verbraucherzentrale Nordrhein-Westfahlen, Düsseldorf, STIFTUNG WARENTEST; 1. Auflage; Berlin: 2003

BENEN, ELISABETH/TRAUBE, PETER: Renten wegen verminderter Erwerbsfähigkeit, Studientext Nr. 17; herausgegeben vom Verband Deutscher Rentenversicherungsträger (VDR); 9. Auflage; o. O.: 2004

Bundesversicherungsanstalt für Angestellte, Landesversicherungsanstalten, Bundesknappschaft, Bahnversicherungsanstalt, Seekasse im Verband Deutscher Rentenversicherungsträger: SGB – Textausgabe, Auszüge aus dem Sozialgesetzbuch; 31. Auflage; Berlin: 2004

GEUKING, MARTIN: Das Nachprüfverfahren in der Berufsunfähigkeitsversicherung; Juristische Schriftenreihe Band 112; Münster (Westf.): 1998

KLEIN, ROLF/BECKER, MARTIN: Versicherungen – Schutz und Vorsorge; Neuer Pawlak Verlag in der VEMAG Verlags- und Medien Aktiengesellschaft; Köln: o. J.

KURZENDÖRFER, VOLKER: Einführung in die Lebensversicherung; Verlag Versicherungswirtschaft; 3. Auflage; Karlsruhe: 2000

MEYER, HANS DIETER (Hrsg.): Ratgeber Versicherung; Wilhelm Heyne Verlag; 20. Auflage; München: 2000

MEYER, HANS DIETER: Versichern ja, aber für wenig Geld; herausgegeben von der Verbraucher-Zentrale Hamburg e. V.; Rowohlt Taschenbuch Verlag GmbH; Hamburg: 1991

MÜLLER-FRANK, CHRISTOPH: Aktuelle Rechtsprechung zur Berufsunfähigkeits- (Zusatz-) Versicherung; Schriftenreihe Versicherungsforum Heft 11; Verlag Versicherungswirtschaft; 6. Auflage; Karlsruhe: 2002

RICHTER, THOMAS: Berufsunfähigkeitsversicherung, Eine vergleichende Darstellung der privaten Berufsunfähigkeitsversicherung und der Berufs- und Erwerbsunfähigkeitsversicherung in der gesetzlichen Rentenversicherung; Hamburger Reihe, Reihe A Rechtswissenschaft 66; Verlag Versicherungswirtschaft; Karlsruhe: 1987

ROHRLACH, HANS-JOACHIM/KRÜGER, FRITZ: Renten wegen Berufsunfähigkeit und Erwerbsunfähigkeit; Heenemann Verlagsgesellschaft mbH; 2. überarbeitete Auflage; Berlin: 1980

SIMONS, HEINZ-JOSEF: Anlage-Ratgeber Versicherung; mvg-verlag im verlag moderne industrie AG; Landsberg am Lech: 1996

STUMPF, HANS-PETER/MLODZIK, KATRIN: Vorzeitig Berufsunfähig; Walhalla Fachverlag; 2. aktualisierte Auflage; Regensburg: 2003

Aufsätze

BUECHNER, CORNELIA: Gesetz zur Reform der Renten wegen Erwerbsminderung, Die wichtigsten Punkte der Neuregelung. Eine Übersicht der Sozialmediziner; Arbeitsmedizin Sozialmedizin Umweltmedizin   Nr. 11/2001; S. 560-563

DEUTSCHER BUNDESTAG: Beschlussempfehlung und Bericht des Ausschusses für Arbeit und Sozialordnung zu dem Gesetzentwurf der Fraktion SPD und BÜNDNIS 90/DIE GRÜNEN - Drucksache 14/4230 - Entwurf eines Gesetzes zur Reform der Renten wegen verminderter Erwerbsfähigkeit; Drucksache 14/4630; 15.11.2000

DEUTSCHER BUNDESTAG: Entschließungsantrag der Abgeordneten der FDP-Bundestagsfraktion zu der dritten Beratung des Gesetzesentwurfs der Fraktion der SPD und BÜNDNIS 90/DIE GRÜNEN – Drucksache 15/2149, 15/2678 – Entwurf eines Gesetzes zur Sicherung der nachhaltigen Finanzierungsgrundlagen der gesetzlichen Rentenversicherung; Drucksache 15/2691; 10.03.2004

GLOMBIK, MANFRED: Erwerbsminderungsrenten im neuen Gewand; Die Rentenversicherung Nr. 2/2001; S. 23-25

JOUSSEN, JACOB: Die Rente wegen voller oder teilweiser Erwerbsminderung nach neuem Recht; Neue Zeitschrift für Sozialrecht Nr. 6/2002;   S. 294-298

KEIL, THORSTEN: Produktbausteine fördern Assistance, Neue konzeptionelle Ansätze in der Berufsunfähigkeitsabsicherung; Versicherungswirtschaft Nr. 17/2001; S. 1422-1423

LÖSCHAU, MARTIN: Reform der Rente wegen verminderter Erwerbsfähigkeit; Betrieb und Wirtschaft Nr. 2/2001; S. 81-87

MAJERSKI-PAHLEN, MONIKA: Die Neuregelung der Rente wegen Erwerbsminderung, Probleme der Rechtsanwendung; Neue Zeitschrift für Sozialrecht Nr. 9/2002; S. 475-479

MOLL, TORGE/STICHNOTH, UDO: Die quantitative Entwicklung der Renten wegen verminderter Erwerbsfähigkeit – Eine vergleichende Betrachtung der Jahre 2000 bis 2002; Die Angestelltenversicherung Nr. 9/2003, S. 1-8

Rademacker, Olaf: Renten wegen verminderter Erwerbsfähigkeit, Das neue Recht und seine Auswirkungen; Soziale Sicherheit Nr. 3/2001; S. 74-81

Schmalisch, Roland: Die Erwerbsminderungsrenten nach neuem Recht; Die Rentenversicherung Nr.3/2001; S. 45-46

Schmidt-Kasparek, Uwe: Test Berufsunfähigkeitsversicherungen, Schlechte Kombination; ÖKO-TEST Ratgeber Rente, Geld, Versicherungen Nr. 3/2004; S. 84-99

Stichnoth, Udo/Wiechmann, Thomas: Reform der Rente wegen verminderter Erwerbsfähigkeit; Die AngestelltenVersicherung Nr. 2/2001; S. 53-65

Wollschläger, Frank: Gesetz zur Reform der Renten wegen verminderter Erwerbsfähigkeit; Deutsche Rentenversicherung 5/2001; S. 276-290

Wussow, Hansjoachim: Keine begriffliche Identität zwischen Berufsunfähigkeit im Sinne der privaten BU-Versicherung und Berufsunfähigkeit im Sinne der gesetzlichen Rentenversicherung (§ 2 BUZ, § 43 SGB VI); Wussow Brief Nr. 30/2001; S.117-118

Zechiel, Hermann: Die Reform der Renten wegen verminderter Erwerbsfähigkeit; Spektrum Nr. 1-2/2001; S. 26-34

Ohne Verfasser: Private Berufsunfähigkeits-Versicherung, Eine Frage des Alters; gesichertes Leben Nr. 4/2001 a; S. 10-11

Ohne Verfasser: Berufsunfähigkeit bezahlbar machen: Scor empfiehlt Kombination aus Basisschutz mit temporärem BU-Baustein; Versicherungswirtschaft Nr. 9/2001 b; S. 652-654

Ohne Verfasser: Wichtig für alle; STIFTUNG WARENTEST FINANZtest Spezial Nr. 11/2003; S.66-79

Ohne Verfasser: Viele sehr gute Angebote für wenige, Eine Berufsunfähigkeitsversicherung braucht jeder. Doch viele scheuen zunächst den Abschluss wegen der Kosten. Ändern sie später ihre Meinung, bekommen sie oft keinen Vertrag mehr.; FINANZtest Nr. 8/2004; S. 12-29

Ohne Verfasser: Für den Job zu Krank; FINANZtest Nr. 3/2005; S. 71-73

Internetquellen

www.acio.de/berufsunfaehigkeitsversicherung/, Informationen zur Erwerbsminderungsrente und Berufsunfähigkeit; vom 27.10.2004

www.berufsunfaehigkeit-erwerbsminderung.de/, vom 26.10.2004

www.bfa.de/nn_11654/de/Navigation/Themen/Rente/Rente__wegen__EM__node,na viExpand=de.html__nnn=true, Informationen der BfA zur Rente wegen Berufsunfähigkeit, Erwerbsunfähigkeit, teilweiser und voller Erwerbsminderung und teilweise Erwerbsminderung bei Berufsunfähigkeit vom 09.05.2005

www.bfa.de/nn_9166/de/Navigation/Themen/Rente/Rente_20wegen_20EM/BU-Rente __node.html__nnn=true, Informationen der BfA zur Rente wegen Berufsunfähigkeit (Recht bis 31.12.2000) vom 09.05.2005

www.bfa.de/nn_9166/de/Navigation/Themen/Rente/Rente_20wegen_20EM/EU-Rente __node.html__nnn=true, Informationen der BfA zur Rente wegen Erwerbsunfähigkeit (Recht bis 31.12.2000)vom 09.05.2005

www.bfa.de/nn_9166/de/Navigation/Themen/Rente/Rente_20wegen_20EM/Rente__teilweiser__EM__node.html__nnn=true, Informationen der BfA zur Rente wegen teilweiser Erwerbsminderung (Recht ab 01.01.2001) vom 09.05.2005

www.bfa.de/nn_9166/de/Navigation/Themen/Rente/Rente_20wegen_20EM/Rente__teilweiser__EM__bei__BU__node.html__nnn=true, Informationen der BfA zur Rente wegen teilweiser Erwerbsminderung bei Berufsunfähigkeit (Recht ab 01.01.2001) vom 09.05.2005

www.bfa.de/nn_9166/de/Navigation/Themen/Rente/Rente_20wegen_20EM/Rente__voller__EM__node.html__nnn=true, Informationen der BfA zur Rente wegen voller Erwerbsminderung (Recht ab 01.01.2001)vom 09.05.2005

www.bu-claims.de/, Informationen zum Thema Berufsunfähigkeit; vom 26.10.2004

www.daserste.de/plusminus/beitrag.asp?iid=251, Artikel von Balodis, Holger/Hühne, Dagmar: Endstation Berufsunfähigkeit; vom 27.10.2004

www.forum.de/do/displayBerufsunfaehigkeitsversicherungIndex, Unentbehrlich für jeden Arbeitnehmer, BU-Versicherung wird immer wichtiger; vom 27.10.2004

www.manager-magazin.de/geld/geldanlage/0,2828,311475,00.html, Artikel von Reiche, Lutz: Das reicht nicht mal für die Kaltmiete; vom 26.10.2004

www.monatscd.de/Online-Archiv/content/2004/02/16/Berufsunfähigkeitsversicherung, WISO-Tipp Berufsunfähigkeit; vom 26.10.2004

www.netzeitung.de/wirtschaft/ratgeber/303062.html, Berufsunfähigkeit kann jeden treffen; vom 01.11.2004

www.vz-nrw.de/UNIQ109827779507699288/doc8987A.html, Berufsunfähigkeit - verkannte Gefahr; vom 27.10.2004

www.zdf.de/ZDFde/inhalt/8/0,1872,2103368,00.html, Artikel von Heuchert, Oliver: Berufsunfähigkeit versichern, Ein muss Beiträge und Bedingungen vergleichen; vom 26.10.2004